5 ASTUCES POUR DÉMARRER !

1) COMMENT RÉSOUDRE LES MOTS MÊLÉS

Les puzzles sont dans un format classique :

- Les mots sont cachés sans espaces, tirets, ...
- Orientation : Les mots peuvent être écrits en avant, en arrière, vers le haut, vers le bas ou en diagonale (ils peuvent être inversés).
- Les mots peuvent se chevaucher ou se croiser.

2) UN APPRENTISSAGE ACTIF

Un espace est prévu à côté de chaque mots pour noter la traduction. Pour favoriser un apprentissage actif un **DICTIONNAIRE** à la fin de cette édition vous permettra de vérifier et étendre vos connaissances. Cherchez et notez les traductions, trouvez-les dans le Puzzle et ajoutez-les à votre vocabulaire !

3) MARQUEZ LES MOTS

Vous pouvez inventer votre propre système de marquage. Peut-être en utilisez-vous déjà un ? Sinon, vous pourriez, par exemple, marquer les mots qui ont été difficiles à trouver d'une croix, ceux que vous avez aimés d'une étoile, les mots nouveaux d'un triangle, les mots rares d'un diamant, etc...

4) STRUCTUREZ VOTRE APPRENTISSAGE

Cette édition vous offre un **CARNET DE NOTES** très pratique à la fin du livre. En vacances ou en voyage ou à la maison, vous pouvez facilement organiser vos nouvelles connaissances sans avoir besoin d'un second bloc-notes !

5) VOUS AVEZ FINI TOUTES LES GRILLES ?

Allez à la section bonus **CHALLENGE FINAL** pour trouver un jeu gratuit à la fin de cette édition !

Simple et Rapide ! Découvrez notre collection de livres d'activités pour votre prochain moment de détente et **d'apprentissage**, à juste un clic de distance !

Trouvez votre prochain défi sur :

BestActivityBooks.com/MonProchainLivre

À vos marques, prêts... Partez !

Saviez-vous qu'il existe environ 7 000 langues différentes dans le monde ? Les mots sont précieux.

Nous aimons les langues et avons travaillé dur pour créer les livres de la plus haute qualité pour vous. Nos ingrédients ?

Une sélection des thématiques d'apprentissage adaptée, trois belles parts de divertissement, puis nous ajoutons une cuillère de mots difficiles et une pincée de mots rares. Nous les servons avec soin et un maximum de plaisir pour vous permettre de résoudre les meilleurs jeux de mots mêlés qui soient et d'apprendre en vous amusant !

Votre avis est essentiel. Vous pouvez participer activement au succès de ce livre en nous laissant un commentaire. Nous aimerions vraiment savoir ce que vous avez préféré dans cette édition !

Voici un lien rapide qui vous mènera à la page d'évaluation de vos commandes :

BestBooksActivity.com/Avis50

Merci pour votre aide et amusez-vous bien !

De la part de toute l'équipe

1 - Adjectifs #2

オ	園	ダ	書	ラ	ピ	ュ	ア	レ	シ	ク	釣	プ	芸
ハ	ー	キ	パ	味	エ	レ	ガ	ン	ト	リ	説	真	プ
物	ゼ	セ	真	興	園	写	書	ム	り	エ	明	工	品
物	喜	写	ン	ダ	ー	み	り	ル	喜	イ	撮	誇	画
ラ	ラ	真	ゲ	テ	元	釣	園	興	味	テ	ゼ	り	魔
野	生	物	写	物	ィ	気	真	ダ	釣	ィ	法	り	猟
ル	魔	喜	園	画	ド	ッ	テ	フ	ギ	ブ	興	イ	責
リ	キ	味	編	魔	リ	新	ク	ム	ル	動	影	撮	任
劇	ャ	イ	生	編	ル	着	な	名	有	喜	品	物	者
的	活	ン	産	陶	プ	カ	グ	絵	レ	ナ	ゲ	ル	
キ	エ	レ	的	キ	パ	ル	強	猟	イ	活	チ	猟	ゼ
魔	ー	画	画	猟	み	レ	読	い	白	面	ュ	ラ	活
ズ	レ	び	絵	ハ	釣	イ	ラ	辛	シ	イ	ラ	ド	ズ
キ	ジ	興	び	ル	品	写	シ	塩	み	ャ	ル	狩	喜

オーセンティック	ナチュラル
有名な	新着
クリエイティブ	生産的
説明	強力な
ギフテッド	ピュア
劇的	責任者
エレガント	元気
誇り	塩辛い
強い	野生
面白い	ドライ

2 - Force et Gravité

動	影	影	み	ー	セ	り	写	ユ	ハ	レ	ン	ル	ゼ
ン	釣	軌	び	園	ン	イ	レ	味	ニ	ー	ョ	ゲ	芸
発	見	道	ャ	重	タ	猟	ク	芸	グ	バ	シ	び	ム
拡	魔	影	響	さ	ー	ダ	エ	ハ	ダ	ン	一	画	惑
張	ン	園	り	品	編	動	レ	グ	活	ラ	モ	サ	星
び	興	ン	パ	び	リ	園	エ	イ	イ	ク	ゲ	喜	ル
園	ャ	味	ー	喜	ム	画	ジ	ル	エ	プ	釣	キ	釣
り	び	釣	物	び	狩	動	ム	喜	写	み	パ	釣	び
ダ	喜	画	真	喜	レ	書	陶	動	写	び	書	ー	一
リ	時	間	り	ゼ	み	撮	絵	軸	ン	ム	圧	芸	ズ
芸	読	撮	動	り	喜	び	速	度	ラ	ャ	磁	力	物
読	力	学	園	ン	味	園	味	猟	ム	芸	気	喜	理
プ	ロ	パ	テ	ィ	動	距	味	撮	書	プ	画	摩	学
狩	興	真	ゼ	ャ	的	離	魔	写	ル	法	パ	レ	擦

センター 軌道
発見 物理学
距離 惑星
動的 重さ
拡張 圧力
摩擦 プロパティ
影響 時間
磁気 ユニバーサル
力学 速度
モーション

3 - Adjectifs #1

動	び	綺	麗	な	動	薄	い	遅	い	芳	香	族	魔
釣	ル	ル	レ	魔	野	画	パ	み	エ	シ	芸	エ	レ
プ	編	狩	ン	ル	心	ャ	ャ	シ	魔	ャ	リ	ク	ル
ゼ	ジ	猟	ル	読	的	術	芸	キ	活	リ	リ	魔	影
ゲ	狩	ダ	ア	イ	カ	絶	動	ム	ャ	ズ	び	リ	エ
モ	ダ	ン	ク	魅	ラ	対	完	全	同	ー	り	ム	法
撮	ラ	ハ	ゲ	シ	テ	び	魔	撮	写	ダ	ャ	り	写
ン	書	物	大	き	い	ィ	エ	レ	パ	影	イ	ズ	キ
ダ	魔	み	若	ダ	芸	ラ	ブ	ダ	編	味	レ	ラ	写
ゲ	ゲ	魔	い	魔	画	び	写	写	い	味	ダ	画	キ
真	撮	書	ム	ジ	味	陶	編	撮	書	ゲ	エ	ジ	写
巨	大	な	レ	猟	喜	味	写	物	写	法	喜	興	ラ
物	書	活	大	ャ	写	ー	狩	グ	物	パ	正	活	シ
レ	ジ	重	要	寛	エ	キ	ゾ	チ	ッ	ク	直	活	ム

絶対	大きい
アクティブ	正直
野心的	同一
芳香族	重要
芸術的	若い
魅力的	遅い
綺麗な	重い
エキゾチック	薄い
巨大な	モダン
寛大な	完全

4 - Instruments de Musique

ト	影	編	ハ	ム	キ	ラ	ゼ	園	タ	狩	書	絵	ル
パ	ロ	ゲ	ク	ラ	リ	ネ	ッ	ト	ン	リ	ド	ン	マ
フ	ル	ン	プ	ド	ゴ	釣	イ	バ	バ	猟	ハ	ハ	パ
チ	ァ	ラ	ボ	り	ン	芸	ン	リ	オ	イ	バ	ー
ェ	活	ゴ	キ	ー	タ	ギ	グ	ジ	ン	園	味	芸	カ
ロ	ス	ク	ッ	サ	ン	グ	写	ョ	釣	イ	味	陶	ッ
読	真	リ	イ	ト	ャ	ン	読	ー	写	シ	み	真	シ
ト	ラ	ン	ペ	ッ	ト	フ	ル	ー	ト	イ	撮	ゲ	ョ
法	ピ	ア	ノ	オ	ー	ボ	エ	ハ	味	ラ	芸	絵	ン
ャ	興	真	シ	動	読	ジ	ル	ー	釣	マ	法	ク	レ
ハ	パ	真	ハ	ダ	物	興	キ	モ	ー	リ	り	ャ	レ
物	魔	釣	ー	法	法	エ	編	二	影	ン	影	プ	影
イ	絵	エ	プ	興	書	み	興	カ	ダ	バ	ジ	キ	釣
ク	ー	レ	動	プ	ン	活	読	パ	園	活	読	エ	魔

バンジョー	マリンバ
ファゴット	パーカッション
クラリネット	ピアノ
フルート	サックス
ゴング	ドラム
ギター	タンバリン
ハーモニカ	トロンボーン
ハープ	トランペット
オーボエ	バイオリン
マンドリン	チェロ

5 - Échecs

ル	ク	撮	活	ャ	相	ル	犠	ポ	陶	戦	賢	い	ハ
ー	ジ	園	釣	園	び	手	牲	イ	び	略	ダ	猟	陶
ル	興	園	書	ラ	エ	ャ	グ	ン	キ	ャ	品	ク	チ
ー	ム	ズ	編	ク	パ	パ	活	ト	品	ゲ	活	影	ャ
園	釣	ダ	時	興	ッ	ト	絵	魔	ジ	対	角	ダ	ン
学	ー	書	間	書	シ	ー	ゲ	み	活	撮	ラ	ム	ピ
レ	ぶ	ハ	ク	書	ブ	ナ	絵	ー	び	ン	編	喜	オ
み	ン	た	イ	狩	園	メ	魔	味	ム	品	画	影	ン
ダ	芸	イ	め	り	物	ン	猟	ズ	ル	キ	狩	パ	ズ
ブ	ラ	ッ	ク	に	喜	ト	活	興	イ	び	ム	女	王
プ	レ	ー	ヤ	ー	コ	ン	テ	ス	ト	プ	ン	物	エ
白	い	画	画	プ	み	品	影	ク	り	ハ	ー	ゲ	ゼ
課	題	撮	品	芸	ン	イ	狩	パ	ラ	キ	ン	ク	写
り	ハ	ク	ラ	び	芸	ン	ジ	品	動	興	撮	品	活

相手	ブラック
学ぶために	パッシブ
白い	ポイント
チャンピオン	女王
コンテスト	ルール
課題	キング
対角	犠牲
賢い	戦略
ゲーム	時間
プレーヤー	トーナメント

6 - Herboristerie

タ	書	書	動	ラ	味	シ	品	キ	フ	ェ	ン	ネ	ル
イ	撮	プ	陶	味	編	キ	ダ	花	陶	狩	画	び	ラ
ム	ラ	ョ	ジ	ー	マ	ジ	猟	芸	味	料	理	み	動
サ	フ	ラ	ン	狩	魔	味	写	読	編	物	み	ハ	写
パ	活	レ	ニ	ゼ	ー	バ	ジ	ル	り	園	庭	リ	書
影	編	狩	ン	ン	芳	芸	園	パ	書	み	タ	読	写
有	狩	ラ	撮	ロ	ニ	香	編	陶	興	び	ラ	物	ム
益	ズ	ベ	ジ	ー	物	ク	族	ク	陶	ー	ゴ	み	品
物	ト	ン	ミ	ズ	猟	ー	絵	シ	編	グ	ン	撮	釣
レ	ー	ダ	興	マ	ー	キ	ジ	動	法	写	グ	ャ	興
狩	編	ー	編	リ	撮	動	ン	り	品	物	成	ゲ	撮
ジ	エ	緑	釣	ー	猟	品	シ	パ	セ	リ	分	興	リ
味	喜	ズ	読	猟	ャ	活	喜	ゼ	み	ゲ	イ	品	質
ン	興	写	プ	ラ	び	書	品	狩	ラ	み	真	グ	レ

ニンニク
芳香族
バジル
有益
料理
タラゴン
フェンネル
成分

ラベンダー
マージョラム
ミント
パセリ
品質
ローズマリー
サフラン
タイム

7 - Véhicules

ボ	ヤ	味	ー	シ	エ	法	魔	釣	シ	シ	狩	レ	園
ー	イ	レ	シ	エ	ャ	法	レ	潜	水	艦	救	急	車
ト	タ	エ	ク	喜	芸	ト	影	へ	自	び	ャ	味	喜
ダ	パ	ー	タ	ク	ラ	ト	ル	リ	ズ	転	品	狩	喜
読	り	リ	ク	ッ	ラ	ト	地	コ	活	レ	車	グ	グ
読	プ	ェ	シ	ス	真	撮	下	プ	ラ	ロ	ケ	ッ	ト
味	猟	フ	パ	バ	ゲ	味	鉄	タ	ャ	ズ	魔	釣	キ
釣	ン	ゼ	陶	み	画	写	ラ	ー	ター	モ	パ	キ	ャ
車	喜	ン	び	猟	み	釣	ム	ゼ	書	園	写	キ	ラ
み	イ	動	ズ	レ	キ	書	ー	喜	ー	び	編	バ	ン
魔	ダ	動	猟	真	レ	エ	書	イ	ラ	絵	芸	ン	り
キ	書	み	ク	味	芸	興	書	か	ダ	真	絵	ク	み
ク	法	真	動	味	ゼ	撮	ゼ	だ	ラ	リ	ャ	ゲ	狩
エ	飛	行	機	び	編	ル	陶	興	ム	画	み	陶	狩

救急車　　　　　　モーター
飛行機　　　　　　シャトル
ボート　　　　　　タイヤ
バス　　　　　　　いかだ
トラック　　　　　スクーター
キャラバン　　　　潜水艦
フェリー　　　　　タクシー
ロケット　　　　　トラクター
ヘリコプター　　　自転車
地下鉄

8 - Camping

ラ	ゼ	月	物	エ	品	ラ	動	グ	園	興	ル	画	物
ン	喜	び	コ	画	ズ	狩	レ	興	ム	狩	品	ジ	影
シ	読	エ	パ	ン	森	猟	読	ハ	テ	ン	ト	木	写
ー	園	エ	喜	タ	パ	動	カ	ン	ダ	真	品	狩	物
ン	物	帽	湖	ン	レ	ス	ヌ	モ	動	ム	ン	ル	真
レ	自	子	真	ラ	物	動	ー	ッ	キ	昆	虫	火	味
陶	然	編	び	ラ	山	イ	ク	ク	ャ	ル	イ	グ	法
影	み	ゲ	ハ	り	撮	レ	ク	絵	ビ	ロ	陶	書	興
読	魔	レ	撮	読	び	り	グ	エ	ン	芸	ー	り	法
動	釣	冒	シ	釣	り	シ	園	写	絵	キ	び	プ	興
写	ラ	び	険	プ	活	撮	書	書	パ	動	物	ル	魔
エ	ム	画	ン	グ	物	エ	ゲ	魔	グ	絵	ム	活	味
ゲ	絵	イ	撮	ダ	ジ	パ	び	ン	動	地	図	リ	ゼ
エ	シ	イ	シ	ハ	パ	エ	絵	ャ	書	魔	芸	プ	陶

動物	狩猟
冒険	ロープ
コンパス	ハンモック
キャビン	昆虫
カヌー	ランタン
地図	自然
帽子	テント

9 - Écologie

コ	多	キ	ャ	ハ	狩	ャ	マ	フ	ロ	ー	ラ	生	種
ミ	様	動	山	編	ル	バ	ー	ロ	グ	ナ	ゲ	存	物
ュ	性	ル	物	ー	芸	ゲ	シ	芸	ャ	チ	絵	狩	芸
ニ	旱	品	植	相	法	陶	ュ	パ	エ	ュ	物	レ	ジ
テ	エ	魃	園	喜	持	ラ	イ	パ	狩	ラ	喜	グ	園
ィ	ャ	釣	ャ	書	続	ン	生	息	地	ル	ダ	ズ	ン
グ	パ	影	ジ	釣	可	リ	ソ	ー	ス	ム	絵	レ	ゼ
撮	絵	喜	陶	読	能	マ	味	び	ズ	読	陶	み	魔
猟	編	真	み	読	画	レ	芸	ャ	り	イ	釣	ク	書
撮	パ	ゼ	書	動	陶	園	イ	ャ	喜	ゼ	陶	味	レ
猟	ダ	活	ャ	ゲ	興	び	り	キ	ャ	ハ	絵	ャ	イ
書	狩	シ	味	芸	ク	影	ゼ	ル	ゼ	プ	イ	シ	動
狩	ラ	み	気	影	自	然	ボ	ラ	ン	ティ	ア	植	
品	活	写	ズ	候	釣	ー	ク	味	プ	狩	影	書	生

ボランティア
気候
コミュニティ
多様性
持続可能
動物相
フローラ
グローバル
生息地

マーシュ
マリン
自然
ナチュラル
植物
リソース
旱魃
生存
植生

10 - Géométrie

ル	画	絵	芸	イ	イ	釣	リ	リ	物	方	ル	イ	ゲ
高	読	読	リ	真	次	元	ル	猟	動	影	程	魔	画
さ	エ	狩	り	ダ	撮	絵	中	レ	編	り	式	真	
編	プ	プ	読	影	興	写	狩	央	プ	喜	味	芸	
シ	喜	猟	陶	ル	ー	ー	真	グ	味	活	興	写	陶
計	算	セ	グ	メ	ン	ト	品	編	グ	ー	垂	直	猟
ー	プ	ジ	ム	影	パ	ズ	プ	角	ク	ー	プ		撮
園	直	ラ	芸	ゼ	ク	ダ	猟	度	シ	エ	ク	活	グ
プ	径	法	工	魔	り	エ	エ	芸	猟	狩	園	み	ル
活	表	面	法	対	質	量	三	り	影	園	ゼ	園	陶
グ	ン	影	ゼ	称	品	物	角	キ	割	平	番	読	シ
エ	芸	ジ	プ	絵	工	絵	形	曲	合	行	号	興	画
芸	芸	ク	リ	リ	物	ジ	陶	線	論	理	ラ	物	工
猟	び	ク	魔	プ	ズ	み	イ	法	ン	理	魔	円	陶

角度
計算
曲線
直径
次元
方程式
高さ
論理
質量
中央値

番号
平行
割合
セグメント
表面
対称
理論
三角形
垂直

11 - Les Médias

公	事	実	真	オ	編	ゼ	シ	ラ	物	グ	写	真	知
共	編	ハ	魔	ン	ム	み	画	ジ	読	ハ	ー	ゲ	的
ー	読	編	喜	ラ	芸	味	像	オ	キ	テ	エ	業	喜
び	狩	芸	法	イ	法	み	喜	興	真	レ	興	界	リ
り	物	ャ	キ	ン	ム	ゲ	通	信	網	ビ	ジ	キ	プ
喜	ム	態	イ	グ	ジ	絵	狩	釣	版	ズ	活	画	絵
教	ム	ダ	度	イ	ン	ン	読	影	ャ	レ	キ	エ	書
ハ	育	活	影	パ	興	狩	パ	読	ゼ	キ	活	通	猟
動	書	動	ゼ	商	業	ロ	プ	味	法	ャ	活	信	グ
ラ	法	リ	グ	イ	ズ	ー	ク	み	真	び	エ	個	人
編	ズ	レ	魔	び	ハ	エ	カ	喜	絵	釣	ダ	ク	
プ	品	ズ	影	ク	ン	イ	猟	ン	ル	タ	ジ	デ	芸
新	聞	ャ	イ	エ	物	品	ハ	意	見	動	動	み	釣
釣	編	キ	猟	ン	興	画	シ	み	活	レ	絵	芸	絵

態度　　　　　　　新聞
商業　　　　　　　ローカル
通信　　　　　　　デジタル
オンライン　　　　意見
教育　　　　　　　写真
事実　　　　　　　公共
画像　　　　　　　ラジオ
個人　　　　　　　通信網
業界　　　　　　　テレビ
知的

12 - Diplomatie

画	喜	書	動	対	外	絵	使	大	ズ	パ	レ	法	り
ク	編	ル	絵	立	陶	国	パ	使	協	び	編	ラ	ン
人	活	リ	活	ダ	撮	読	人	館	力	議	論	正	義
品	道	ズ	ャ	ゼ	ゲ	ゼ	写	狩	ハ	真	レ	園	画
ズ	整	主	パ	レ	ゼ	ム	プ	グ	魔	り	写	ゲ	ャ
写	合	キ	義	法	編	影	喜	写	府	り	影	法	ゼ
編	性	絵	外	者	ク	ク	び	イ	政	治	釣	イ	シ
狩	ズ	ン	交	コ	ミ	ュ	ニ	ティ	釣	イ	リ	法
ン	興	釣	書	陶	撮	リ	度	像	解	魔	ラ	ャ	リ
魔	ラ	読	ン	書	安	品	パ	ャ	ー	決	園	芸	猟
品	市	民	条	約	全	活	り	ン	法	ズ	ラ	ム	ン
パ	陶	ジ	び	興	撮	ル	影	真	ー	活	撮	味	法
興	ム	ー	リ	書	狩	ム	倫	理	ジ	釣	リ	動	ャ
顧	問	読	ズ	絵	釣	喜	ゼ	写	ズ	び	び	釣	釣

大使館	外国人
大使	政府
市民	人道主義者
コミュニティ	整合性
対立	正義
顧問	政治
協力	解像度
外交	安全
議論	解決
倫理	条約

13 - Électricité

```
ワ ダ 師 技 気 電 ク イ ビ レ テ ゼ ズ 書
画 イ 量 編 電 球 電 池 ジ ー レ ト ス 園
プ 猟 ヤ ケ ー ブ ル ジ び ザ 電 話 正 物
発 オ ブ ジ ェ ク ト 動 ハ ー 陶 パ ジ ル
書 生 磁 石 猟 ム ッ ズ ル リ ジ 読 イ 園
ゼ 撮 器 通 動 狩 ケ ム 狩 パ 法 み 影 猟
興 芸 読 信 パ エ ソ 釣 園 喜 レ ー 負 ー
動 ジ シ 網 影 ジ ラ 物 プ リ ゲ び プ ゼ
陶 写 レ ム ダ ジ レ ン 興 釣 パ イ 狩 ゲ
猟 動 写 法 ダ プ ズ 動 プ 法 真 狩 ダ レ
ズ 釣 編 ジ 猟 絵 ム 芸 影 プ レ 書 エ エ
活 ル キ 品 エ 喜 猟 陶 編 イ り プ 画 釣
ク 興 ク 芸 芸 法 影 り ク 画 園 影 ャ 芸
写 書 プ 真 動 リ パ エ レ み グ イ プ 写
```

磁石	ランプ
電球	レーザー
電池	オブジェクト
ケーブル	ソケット
電気技師	通信網
電気	ストレージ
ワイヤ	電話
発生器	テレビ

14 - Astronomie

味	パ	レ	画	物	ン	ク	陶	読	エ	ゼ	パ	グ	撮
法	編	ゼ	ハ	味	味	園	猟	ム	流	絵	画	撮	パ
シ	エ	ラ	ラ	レ	ク	書	ク	雲	星	惑	超	新	星
プ	ム	ム	グ	ル	放	り	パ	魔	月	ャ	真	写	惑
ム	編	法	レ	影	び	射	画	ゼ	読	キ	猟	リ	小
ゼ	パ	グ	真	春	ラ	リ	線	ダ	ハ	宇	ズ	ム	影
太	陽	地	球	分	編	芸	魔	陶	法	宙	宇	ダ	物
パ	り	リ	ゼ	園	ゲ	レ	ジ	品	芸	飛	銀	河	読
ゼ	活	書	絵	イ	園	星	狩	魔	物	行	読	画	ル
ゲ	ズ	活	撮	陶	狩	芸	座	絵	キ	士	影	ー	ダ
エ	ゼ	ゼ	衛	狩	リ	陶	ム	撮	キ	編	ズ	ム	ズ
ル	真	グ	星	写	動	天	法	食	絵	芸	狩	魔	芸
園	空	レ	猟	者	学	文	天	エ	キ	興	ズ	ダ	画
ロ	ケ	ッ	ト	写	興	台	狩	ハ	ゼ	画	イ	編	ラ

小惑星	天文台
宇宙飛行士	惑星
天文学者	放射線
星座	衛星
春分	太陽
ロケット	超新星
銀河	地球
流星	宇宙
星雲	

15 - Physique

り	猟	興	法	ユ	写	周	相	芸	法	ゼ	エ	ダ	ル
加	興	興	写	ニ	撮	波	対	書	原	読	ン	影	ゼ
速	粒	真	ム	バ	品	数	性	ー	リ	子	ジ	み	物
グ	子	ー	ハ	ー	ク	核	理	ク	編	電	ン	り	陶
活	シ	法	写	サ	ジ	狩	論	ャ	ー	魔	猟	魔	興
撮	画	キ	陶	ル	エ	編	キ	ャ	画	式	物	ラ	編
リ	ン	狩	パ	グ	動	密	度	シ	化	学	薬	品	ー
品	ー	写	味	釣	品	芸	速	み	絵	活	力	物	ル
り	キ	パ	レ	釣	グ	び	狩	猟	シ	猟	重	猟	釣
プ	影	編	活	シ	ン	ジ	ダ	釣	り	ハ	ゼ	物	ル
ク	園	編	ハ	絵	ゼ	ン	混	分	子	シ	読	釣	ル
み	ゼ	ダ	び	磁	読	ラ	読	沌	シ	ダ	エ	イ	魔
み	狩	リ	ク	気	法	活	影	イ	レ	真	ハ	パ	ャ
ラ	パ	喜	質	量	興	品	読	読	シ	芸	画	ガ	ス

加速	磁気
原子	質量
混沌	力学
化学薬品	分子
密度	エンジン
電子	粒子
周波数	相対性理論
ガス	ユニバーサル
重力	速度

16 - Types de Cheveux

ハ	び	ゲ	物	ダ	ー	エ	グ	ソ	ズ	リ	品	パ	み
狩	み	真	ャ	編	白	い	レ	ー	フ	シ	釣	ゲ	陶
真	ブ	み	活	シ	ク	元	ー	味	画	ト	厚	い	銀
法	ロ	陶	味	絵	キ	気	猟	絵	シ	ズ	ド	ラ	イ
リ	ン	グ	ダ	ャ	グ	狩	法	有	色	編	組	ゲ	陶
三	ド	真	園	影	味	ダ	茶	色	園	動	プ	禿	グ
ャ	つ	影	物	ク	ム	絵	芸	釣	キ	ゲ	ル	ハ	ャ
シ	キ	編	パ	画	イ	ク	ャ	シ	ル	釣	読	画	ン
グ	ャ	プ	み	書	芸	リ	陶	魔	ラ	品	ジ	興	り
ラ	読	イ	み	書	ゼ	園	ー	狩	カ	撮	法	ー	ラ
パ	び	ハ	ニ	ク	ル	園	び	ル	ー	ル	読	プ	み
シ	陶	陶	品	ー	リ	ー	カ	シ	ル	薄	い	狩	ル
猟	ム	ハ	興	ン	編	ゲ	読	読	物	シ	短	ム	ジ
ブ	ラ	ッ	ク	喜	ク	ー	プ	真	絵	ン	パ	喜	ジ

白い	グレー
ブロンド	茶色
カール	薄い
シャイニー	ブラック
有色	元気
短い	ドライ
ソフト	三つ編み
厚い	編組
カーリー	

17 - Archéologie

釣遺味不チ分専物忘ムリ園園リ
興物オ明ー析門パれ子ゲ魔陶園
イ教レブム写家ンら孫プ画狩器
パ授墓活ジエ文明れエ撮活プー
陶真魔陶時ェ読たズ猟ジ絵陶
ダ活プ絵ゼ代ク味写レ影動ハ年
シャイパグ釣ート園魔リ釣キ喜
化石撮品エ寺物味物陶ン狩ク興
狩真ーエ画動狩ムり撮味物真シ
法物骨プダ動ダ研究者リラミゲ
書びー芸ン品書りびプリハス編
リ芸写ジ興書影動グ法猟ゲテズ
活動ルハ影み興イイ園ールリム
芸評価ハ猟画猟喜ズ陶魔ラー味

分析	化石
研究者	不明
文明	ミステリー
子孫	オブジェクト
専門家	忘れられた
時代	陶器
チーム	教授
評価	遺物

18 - Mammifères

レ み イ 園 ゼ 釣 画 一 書 喜 品 喜 ハ リ
カ ン ガ ル ー ズ シ 味 撮 物 レ 狼 ル み
ル リ 猫 ャ ブ 羊 マ 園 興 キ 影 ャ 読 写
イ キ プ グ 読 猿 ウ ジ エ ン 釣 み 釣 ゲ
パ 虎 物 影 グ 園 マ び ャ 象 び レ び 魔
ジ 活 書 ダ ジ 編 エ ラ ー ダ 品 び 法 喜
編 ゲ エ シ パ レ ク 猟 シ 撮 り 影 び コ
狐 ゼ 絵 ラ イ オ ン ゼ ク 興 ゴ ャ ン ヨ
編 グ ク ハ レ 馬 レ ン レ ラ リ プ 魔 一
影 陶 興 ズ 味 読 レ 撮 ダ 法 ラ 陶 影 テ
芸 書 パ 真 品 釣 一 グ 写 真 み グ 釣 う
犬 一 喜 法 グ 興 熊 ハ 編 陶 プ み 法 さ
ゲ 陶 鯨 エ ン 園 撮 ル 狩 ハ 興 び 興 ぎ
撮 ズ 書 り ジ ズ 書 キ レ ダ レ 芸 プ ラ

コヨーテ	うさぎ
イルカ	ライオン
キリン	ブル
ゴリラ	シマウマ
カンガルー	

19 - Chocolat

カ	ハ	ピ	シ	香	レ	シ	ピ	撮	酸	味	園	興	イ
カ	り	苦	ー	り	品	質	ダ	び	化	物	ク	び	読
オ	ズ	い	読	ナ	リ	興	ャ	甘	防	物	渇	職	人
味	プ	レ	影	真	ッ	ラ	絵	い	止	画	望	狩	ゼ
撮	エ	絵	ー	ゼ	ハ	ツ	パ	レ	剤	狩	味	砂	ダ
喜	撮	キ	絵	キ	真	シ	エ	お	喜	み	園	糖	ダ
書	ゲ	カ	ゾ	ー	パ	活	び	気	興	動	狩	コ	パ
真	ズ	ロ	ダ	チ	読	美	に	法	パ	味	コ	粉	カ
動	り	リ	興	ク	ッ	ル	味	入	喜	撮	猟	ナ	ラ
み	成	ー	動	興	喜	ク	し	り	読	陶	ャ	ッ	メ
喜	パ	分	ム	活	芸	園	い	活	プ	ハ	ャ	ツ	ル
園	キ	読	狩	ク	パ	ジ	ー	釣	編	ャ	真	ラ	み
猟	物	ン	物	釣	狩	み	絵	ラ	レ	喜	狩	シ	読
法	絵	プ	活	品	ン	読	興	真	ズ	活	物	ダ	読

苦い	甘い
酸化防止剤	渇望
香り	エキゾチック
職人	お気に入り
ピーナッツ	成分
カカオ	ココナッツ
カロリー	品質
カラメル	レシピ
美味しい	砂糖

20 - Mathématiques

り	ジ	び	動	物	幾	何	学	キ	平	ク	画	ム	リ
ゼ	陶	ゲ	品	釣	り	味	ゼ	垂	品	行	み	ズ	ズ
ン	猟	ズ	喜	味	ャ	周	円	直	ム	写	四	活	シ
芸	動	絵	ン	撮	味	物	囲	シ	プ	写	真	辺	編
芸	物	ー	ー	ン	プ	動	喜	編	読	真	狩	編	形
ム	小	数	対	称	品	喜	物	書	ー	法	リ	影	矩
ゼ	算	術	釣	編	品	み	ゼ	狩	ボ	リ	ュ	ー	ム
ク	狩	芸	陶	レ	り	り	猟	分	数	芸	ク	シ	画
シ	真	グ	ゲ	シ	レ	ハ	ゲ	影	指	平	行	絵	品
園	ン	レ	ハ	レ	キ	パ	読	レ	キ	形	角	三	ー
物	狩	レ	ゲ	リ	ャ	書	ー	ハ	リ	角	度	ン	ク
写	直	動	真	ク	り	方	程	式	魔	多	陶	画	絵
り	径	半	グ	影	キ	活	読	写	ハ	ー	ン	絵	法
読	エ	和	び	真	リ	法	ゲ	イ	狩	釣	グ	り	プ

角度	平行四辺形
算術	垂直
円周	周囲
小数	多角形
直径	半径
指数	矩形
方程式	対称
分数	三角形
幾何学	ボリューム
平行	

21 - Mythologie

味	パ	ラ	ゼ	稲	ラ	ン	釣	ラ	プ	プ	リ	撮	芸
モ	ー	タ	ル	妻	パ	絵	シ	ビ	活	り	ル	写	ズ
読	編	狩	シ	生	活	レ	写	リ	ャ	画	強	さ	ク
作	成	伝	シ	き	み	写	釣	ン	行	原	型	魔	レ
撮	撮	ル	説	物	復	讐	プ	ス	動	パ	び	興	キ
り	園	興	画	読	リ	ク	み	レ	猟	味	ゼ	ハ	真
ク	園	園	品	狩	芸	写	ダ	狩	物	キ	法	グ	物
戦	活	レ	動	不	死	ン	動	園	リ	魔	ン	動	品
士	撮	ゼ	画	ラ	嫉	妬	雷	グ	影	法	品	動	喜
モ	興	真	ヒ	魔	園	ー	ム	ャ	ラ	リ	法	シ	絵
ン	魔	法	の	ー	イ	災	害	み	ゼ	イ	イ	ラ	活
ス	喜	ー	釣	ム	ロ	ゼ	画	芸	活	グ	エ	喜	イ
タ	文	化	猟	シ	喜	ー	信	編	ル	ハ	真	写	動
ー	ズ	画	エ	ハ	ラ	ャ	念	レ	芸	ク	パ	ム	画

原型　　　　　　　　ヒーロー
災害　　　　　　　　不死
行動　　　　　　　　嫉妬
作成　　　　　　　　ラビリンス
生き物　　　　　　　伝説
信念　　　　　　　　魔法の
文化　　　　　　　　モンスター
稲妻　　　　　　　　モータル
強さ　　　　　　　　復讐
戦士

22 - Restaurant #2

ス	ャ	読	画	ダ	物	椅	興	物	キ	ー	魔	書	ル
ー	書	喜	シ	ズ	グ	魚	子	エ	画	味	野	菜	サ
プ	画	狩	芸	編	狩	ゼ	び	パ	猟	絵	編	ラ	ラ
編	活	編	り	狩	喜	氷	ダ	芸	ン	陶	魔	り	ダ
品	影	物	活	ン	ゼ	ル	真	芸	イ	ハ	魔	真	芸
水	影	レ	画	撮	レ	画	飲	料	プ	塩	ク	ー	書
釣	ス	イ	パ	ス	ラ	イ	猟	ラ	み	ハ	物	パ	ル
ー	プ	画	イ	喜	フ	撮	猟	び	喜	喜	プ	ジ	美
ツ	ー	ル	フ	麺	読	ォ	物	釣	活	法	猟	ム	味
チ	ン	ラ	み	ラ	エ	シ	ー	狩	絵	撮	陶	物	し
ハ	喜	魔	動	夕	食	パ	タ	ク	喜	ズ	パ	ン	い
エ	書	ゼ	プ	ル	ケ	ー	イ	エ	シ	り	園	ハ	芸
猟	り	ャ	キ	動	ー	読	ェ	画	ン	シ	撮	動	魔
書	ハ	活	芸	卵	キ	ャ	ウ	影	プ	写	狩	書	興

飲料   フォーク
椅子   フルーツ
スプーン   ケーキ
ランチ   野菜
美味しい   サラダ
夕食   ウェイター
スパイス   スープ

23 - Couleurs

喜	芸	物	物	芸	法	ゲ	グ	レ	ー	キ	園	ピ	グ
ラ	活	ジ	紫	影	書	編	み	プ	絵	真	リ	ン	活
真	緑	ム	ャ	み	グ	レ	法	品	絵	興	ハ	ク	ク
ゲ	撮	品	活	青	キ	ハ	ゼ	ム	園	ム	絵	ム	リ
法	興	ブ	フ	画	ハ	ル	陶	ズ	紺	碧	魔	イ	ム
真	喜	ラ	イ	ク	品	興	ジ	タ	園	撮	イ	エ	ゾ
ジ	興	ッ	ジ	り	シ	シ	ア	ン	活	真	編	興	ン
黄	色	ク	ュ	写	絵	ア	ピ	ゼ	赤	ム	物	法	キ
オ	レ	ン	ジ	活	狩	キ	セ	マ	レ	エ	喜	ャ	び
ル	ゼ	レ	ー	ク	影	茶	び	物	喜	白	い	魔	魔
ラ	エ	ャ	ベ	ル	キ	品	色	絵	画	ー	法	陶	ラ
キ	エ	陶	ム	品	キ	イ	ン	ジ	ゴ	物	び	物	法
プ	喜	魔	魔	写	キ	ラ	真	書	リ	キ	撮	ジ	興
ゼ	陶	ハ	ル	書	味	狩	イ	画	書	リ	イ	パ	ハ

紺碧	黄色
ベージュ	マゼンタ
白い	茶色
クリムゾン	ブラック
シアン	オレンジ
フクシア	ピンク
グレー	セピア
インジゴ	

24 - Beauté

活	ダ	シ	物	シ	画	ロ	園	グ	シ	画	ャ	撮	香
化	粧	ャ	ゼ	ジ	み	み	紅	芸	エ	興	パ	び	り
写	ゼ	ン	イ	ン	品	パ	画	物	陶	ジ	写	ズ	ジ
編	読	プ	編	ャ	芸	絵	魔	喜	味	物	り	ジ	活
魅	カ	ー	は	写	写	サ	活	魔	動	製	活	み	活
魔	動	喜	興	さ	キ	ー	ズ	画	法	画	品	み	興
動	陶	ン	法	活	み	ビ	ャ	動	び	品	粧	ゼ	書
興	ル	喜	ジ	陶	ト	ス	リ	イ	タ	ス	化	魔	魔
リ	編	物	写	ズ	読	ル	真	ジ	プ	パ	リ	プ	プ
ク	ン	グ	エ	レ	ガ	ン	ト	オ	猟	ジ	キ	ゼ	み
ジ	シ	び	興	写	み	書	写	イ	狩	写	写	活	撮
フ	ォ	ト	ジ	ェ	ニ	ッ	ク	ル	鏡	動	書	ー	肌
り	品	喜	り	興	書	ゼ	グ	ー	リ	び	編	喜	編
陶	色	編	リ	優	雅	魔	ラ	カ	ス	マ	園	書	ー

カール	マスカラ
魅力	香り
はさみ	フォトジェニック
化粧品	製品
優雅	口紅
エレガント	サービス
オイル	シャンプー
化粧	スタイリスト

25 - Avions

ゼ	法	真	魔	工	膨	ジ	方	雰	バ	ク	真	影	読
絵	陶	釣	品	魔	陶	ら	向	囲	ル	ャ	釣	喜	イ
ゲ	リ	編	芸	み	ー	イ	ま	気	ー	写	旅	真	ゲ
度	レ	画	プ	画	ジ	ズ	法	せ	ン	水	客	ム	プ
高	さ	ル	編	芸	み	ル	ン	る	シ	素	建	園	エ
ャ	キ	グ	写	法	プ	読	キ	プ	レ	ャ	ズ	設	真
釣	ゼ	猟	ゲ	ゼ	活	レ	燃	料	ク	ジ	喜	興	ク
工	書	エ	読	パ	イ	ロ	ッ	ト	乱	ル	芸	真	下
歴	史	ン	り	品	ン	動	魔	絵	流	空	ー	降	険
ャ	ル	ジ	動	活	喜	み	空	真	ャ	気	釣	冒	編
グ	画	ン	グ	芸	撮	シ	ル	ー	法	喜	り	レ	狩
み	真	ダ	撮	ー	芸	り	読	撮	陶	法	ゲ	ハ	ゼ
ラ	活	喜	キ	キ	ハ	猟	書	着	陸	ダ	魔	ゼ	ゼ
撮	イ	ル	猟	グ	ー	ン	み	ー	ゲ	喜	キ	ダ	レ

空気
高度
雰囲気
着陸
冒険
バルーン
燃料
建設
降下
方向

クルー
膨らませる
高さ
歴史
水素
エンジン
旅客
パイロット
乱流

26 - Aventure

喜	び	危	パ	味	読	自	然	絵	ー	パ	法	書	撮
キ	キ	険	ハ	リ	キ	撮	パ	リ	陶	リ	物	ジ	物
ル	影	な	熱	動	釣	物	レ	園	準	備	撮	釣	ゲ
シ	編	写	り	意	り	陶	喜	ム	勇	パ	行	プ	書
パ	ナ	ビ	ゲ	ー	シ	ョ	ン	ン	影	気	き	レ	び
び	キ	パ	写	ズ	芸	書	釣	法	プ	魔	先	ャ	グ
キ	編	ゼ	友	達	困	喜	撮	芸	ハ	ー	猟	み	喜
旅	程	ム	レ	撮	難	興	絵	動	画	グ	写	撮	影
ー	リ	レ	猟	ャ	魔	狩	法	品	味	真	ン	影	活
レ	書	キ	ー	ジ	エ	猟	ー	編	動	ー	釣	イ	動
イ	魔	機	会	課	安	全	性	ジ	イ	ム	チ	ン	編
り	品	ャ	美	題	ダ	新	釣	ン	喜	書	び	ャ	ン
釣	遠	足	い	し	珍	着	興	ク	書	撮	ン	ゼ	パ
ム	絵	編	釣	イ	さ	パ	読	シ	品	絵	品	ス	パ

活動
友達
美しさ
勇気
チャンス
危険な
行き先
課題
困難
熱意

遠足
珍しい
旅程
喜び
自然
ナビゲーション
新着
機会
準備
安全性

27 - Ville

レ	活	ー	園	ゲ	物	陶	味	喜	ハ	物	ダ	ゼ	品
ス	陶	グ	キ	猟	魔	エ	撮	書	エ	芸	ャ	書	読
ト	園	魔	診	ジ	味	写	撮	店	絵	キ	空	物	芸
ラ	み	釣	編	療	ク	味	リ	ー	魔	法	港	ン	リ
ン	ス	花	屋	動	所	写	び	り	品	び	物	エ	ダ
ル	グ	ー	リ	ラ	ャ	ギ	猟	狩	エ	編	ス	書	り
写	び	み	パ	リ	魔	ゼ	写	喜	ラ	法	タ	絵	パ
ズ	み	狩	パ	ー	ク	ー	リ	喜	ダ	味	ジ	リ	プ
劇	場	市	博	読	マ	ネ	シ	ム	り	り	ア	び	ャ
び	ホ	ゼ	動	物	動	ー	薬	局	書	パ	ム	み	ゼ
イ	テ	真	プ	味	館	シ	ケ	エ	読	ム	園	ゲ	パ
法	ル	興	校	パ	書	ジ	プ	ッ	ャ	ダ	ル	イ	キ
釣	画	大	学	イ	図	ク	読	ズ	ト	動	物	園	絵
ベ	ー	カ	リ	ー	喜	び	魔	ジ	銀	行	釣	ク	リ

空港
銀行
図書館
ベーカリー
シネマ
診療所
学校
花屋
ギャラリー
ホテル

書店
市場
博物館
薬局
レストラン
スタジアム
スーパーマーケット
劇場
大学
動物園

28 - Ingénierie

び	法	影	建	編	園	ゼ	興	品	ル	ム	写	魔	ズ
安	定	性	り	設	ル	レ	グ	軸	ジ	分	ャ	測	定
絵	ダ	味	絵	ラ	喜	真	読	興	キ	布	物	影	活
品	画	影	レ	陶	編	猟	ハ	グ	パ	ダ	ン	真	プ
画	ハ	ャ	パ	ラ	り	喜	画	ル	り	ゼ	び	撮	構
絵	プ	活	芸	ゲ	ジ	写	狩	エ	み	釣	猟	図	造
真	芸	画	ハ	園	り	計	算	物	ダ	絵	動	味	イ
液	ダ	ジ	猟	ダ	味	パ	猟	レ	ゲ	モ	影	喜	釣
体	グ	画	エ	ネ	ル	ギ	ー	読	味	ー	動	画	編
デ	ズ	喜	園	ダ	芸	ン	釣	回	興	タ	ゼ	イ	ジ
ン	ィ	魔	魔	直	レ	角	度	リ	転	ー	写	陶	興
推	進	ー	リ	径	ー	ン	画	芸	ク	ム	ハ	芸	写
強	さ	ハ	ゼ	ャ	品	ク	編	機	械	法	法	パ	ギ
ハ	深	ゲ	陶	ル	シ	ム	猟	工	真	画	工	絵	ア

角度　　　　　　　　液体
計算　　　　　　　　機械
建設　　　　　　　　測定
直径　　　　　　　　モーター
ディーゼル　　　　　深さ
分布　　　　　　　　推進
ギア　　　　　　　　回転
エネルギー　　　　　安定性
強さ　　　　　　　　構造

29 - Énergie

```
熱エゲハレムレ陶汚染光釣真陶
書動ダ真影写猟リプレ子書法ー
品キ動ズ狩デみイ読ラエゲンズ
魔猟真電子ィ再電電り法画猟真
撮み喜書園ー生池気グハ狩グ釣
グ編クダみゼ可ー撮画撮りグク
核ル書業魔ル能書ャ活タ品パリ
シエ魔界狩味グラ釣動ー狩写
燃書水素炭キレルイリハ物ビク
環料ラモガソリン工興喜画ルン
釣境興ー品園太シ狩ー動ームー影
動ャ喜タ魔風陽猟釣び釣ラズキ
動法ンーびグク釣活陶絵び園絵
エントロピーーレン法品グ物動シ
```

電池	水素
炭素	業界
燃料	モーター
ディーゼル	光子
エントロピー	汚染
環境	再生可能
ガソリン	太陽
電気	タービン
電子	

30 - Cuisine

一 写 絵 書 釣 ゲ び 狩 真 写 ス 写 シ 写
味 狩 キ ケ 水 差 し 箸 ハ キ パ イ ハ ン
ム 魔 ラ ト グ パ 物 ジ 品 ン イ ハ 画 パ
プ ク 書 ル ウ ボ レ ゼ ム 画 ス 味 釣 写
動 パ 園 ナ エ 園 ゲ 書 法 キ 釣 シ エ ク
ャ 写 絵 猟 プ 撮 ダ グ 魔 グ ゲ 活 ハ レ
編 み 猟 オ イ キ 画 真 読 リ パ 絵 ジ プ
読 法 エ 釣 ー ジ ン ポ ス ル 釣 狩 ム ハ
ジ リ 活 パ ル ブ ゲ 書 リ り 動 ャ 写 カ
パ ク ジ 喜 猟 ン フ ォ ー ク シ ム ッ
物 ー ム ゲ 猟 冷 ジ イ 瓶 エ プ ロ ン プ
喜 び レ ラ ク エ 凍 ナ ク ジ 喜 法 編 写
レ ン 影 ス プ ー ン 庫 蔵 冷 レ シ ピ 喜
ジ 喜 レ 書 り 書 キ ゲ 味 食 べ 物 パ ダ

ボウル	フォーク
ケトル	グリル
冷凍庫	食べ物
ナイフ	レシピ
水差し	冷蔵庫
スプーン	ナプキン
スパイス	エプロン
スポンジ	カップ
オーブン	

31 - Corps Humain

手 ゼ 興 ム エ り 味 園 シ 絵 シ エ 法 ル
ゼ グ 読 み ム ャ ズ 顎 猟 び 血 絵 法 ク
り 唇 パ 品 指 ム 耳 プ プ エ 真 シ 狩 真
心 臓 ー ン 絵 り プ ク 猟 園 園 膝 狩 ズ
パ り 品 パ ク ラ 読 ゼ エ び 写 ダ ゼ 絵
エ 読 み 陶 活 書 魔 ロ 肩 物 編 み 猟 写
影 真 味 ム 釣 釣 頭 編 狩 活 書 芸 り 陶
脳 シ パ グ グ 書 魔 読 絵 魔 ラ ャ 書 肌
グ 園 編 シ 釣 喜 法 園 釣 エ エ 興 び 編
狩 画 鼻 物 絵 釣 胃 真 グ 活 影 ン 園 り
顔 ジ 書 物 動 陶 喜 狩 狩 動 読 活 足 首
ダ 真 陶 編 書 ズ ャ 絵 影 狩 園 品 ダ プ
ラ 絵 ム 絵 肘 シ 魔 狩 ズ 首 ゼ エ 真 パ
シ キ 園 キ 園 味 み 絵 ー 舌 ラ 芸 ダ ム

足首   心臓

32 - Épices

苦 画 法 ム 画 影 影 法 味 シ 書 活 グ カ
い 真 ハ 撮 影 ジ ム 法 園 ラ ナ 味 ダ ル
プ 猟 ャ ゲ 画 芸 芸 イ 画 グ び モ 読 ダ
影 フ ェ ン ネ ル グ ラ ゲ み ー 書 ン モ
キ ン ャ ミ エ ャ ラ ガ ウ ョ シ ル リ ン
玉 ゲ ク ク ラ 園 真 ジ ョ 編 物 品 釣 サ
園 葱 ン ジ 味 ャ ダ 撮 シ 狩 パ 魔 興 フ
パ り び り 興 読 ナ プ コ カ ス キ り ラ
ゼ ム び 甘 ダ ズ ツ 猟 真 リ ニ 読 ン ン
塩 り ラ 草 グ 画 メ 影 動 プ ア エ シ り
ニ ン ニ ク 物 活 グ ズ イ パ 法 ン 陶 グ
サ 狩 バ 味 絵 芸 ャ グ 写 イ 編 書 ダ り
ワ 活 釣 園 法 魔 興 ル ム 編 ム び キ ー
ー レ カ グ 法 ャ エ ー ン 品 ル ム シ 物

サワー	フェンネル
ニンニク	ショウガ
苦い	ナツメグ
アニス	玉葱
シナモン	パプリカ
カルダモン	コショウ
コリアンダー	甘草
クミン	サフラン
カレー	バニラ

33 - Science

```
ム 影 味 読 芸 レ エ 粒 子 分 自 陶 研 真
真 活 ミ 動 園 キ 撮 釣 原 ク 然 イ 究 写
陶 り ネ ゲ 物 ク ジ キ 法 影 ハ み 室 芸
味 猟 ラ 物 ゲ キ ゼ ル 品 活 法 喜 物 影
ル ハ ル 書 化 動 魔 ゲ 撮 興 影 味 ゼ キ
ダ デ ー タ 石 み り ン リ ハ 真 工 物 味
物 パ 撮 写 り プ シ 写 味 編 影 喜 ン ダ
芸 魔 芸 験 学 ン び 絵 観 撮 ラ 物 グ パ
猟 物 事 実 理 ン ャ 進 察 仮 説 キ 園
品 ム パ 生 物 ン 釣 シ 動 化 法 キ 活
興 り イ 狩 化 ャ ラ ゲ グ 法 方 園 書 影
ジ 釣 味 者 学 科 ル パ み 芸 魔 法 グ 猟
園 重 カ レ 薬 真 気 候 園 ャ ム ダ ャ エ
イ 画 ラ ャ 品 ク ハ 活 味 陶 撮 ク イ ゼ
```

原子	研究室
化学薬品	方法
気候	ミネラル
データ	分子
実験	自然
進化	観察
事実	生物
化石	粒子
重力	物理学
仮説	科学者

34 - Vêtements

手	ブ	撮	猟	エ	ジ	エ	写	み	ジ	ゼ	エ	絵	動
袋	興	レ	画	レ	エ	グ	リ	シ	パ	猟	プ	ベ	影
サ	パ	キ	ス	猟	画	書	ャ	芸	編	編	ロ	ル	味
ツ	パ	パ	真	レ	芸	ゼ	書	ハ	ル	活	ン	ト	エ
ブ	ョ	ダ	ジ	靴	ッ	ネ	ッ	ク	レ	ス	イ	ー	ム
ラ	シ	プ	ル	ゃ	み	ト	ス	カ	ー	フ	真	コ	ゼ
ウ	ッ	編	狩	ダ	マ	芸	味	ク	タ	動	ム	帽	子
ス	ァ	陶	物	書	ハ	真	リ	グ	ー	ス	カ	ー	ト
魔	フ	ジ	ー	ン	ズ	ハ	ジ	ン	セ	猟	エ	り	ゲ
シ	ャ	ツ	画	絵	喜	ハ	ャ	リ	ャ	イ	ン	法	り
ゲ	猟	芸	興	ル	ゼ	活	ケ	物	猟	園	動	狩	活
ゼ	芸	ン	書	ド	レ	ス	ッ	び	ク	活	ゃ	物	画
ダ	影	物	ム	プ	キ	ク	ト	ラ	動	書	魔	ゃ	グ
影	喜	影	ハ	ャ	書	写	リ	釣	シ	絵	喜	グ	パ

ブレスレット	コート
ベルト	ファッション
帽子	パンツ
シャツ	セーター
ブラウス	パジャマ
ネックレス	ドレス
スカーフ	サンダル
手袋	エプロン
ジーンズ	ジャケット
スカート	

35 - Arts Visuels

```
ク ャ 編 興 ハ リ ズ プ 写 パ 読 画 影 画
狩 ル シ ン テ ス 粘 リ 写 書 キ 魔 り シ
ジ ゼ リ ペ び 品 土 読 イ 物 物 撮 エ び
ポ ー ト レ ー ト 味 書 み 興 釣 猟 シ ク
画 イ エ エ み 真 影 陶 シ 書 法 ン 釣 キ
陶 撮 猟 レ 画 品 構 成 動 狩 み 陶 ャ 写
陶 読 グ 影 傑 読 狩 狩 猟 び 絵 魔 ャ 狩
器 園 ャ 狩 影 作 品 絵 書 絵 彫 書 撮 園
エ ン 読 レ 釣 ダ み 芸 動 プ 刻 パ ズ 味
パ ー ス ペ ク テ ィ ブ ワ ニ ス ム ー 猟
ダ 魔 興 ハ ー 炭 建 ア ー テ ィ ス ト 編
創 造 性 画 ョ 鉛 築 動 品 ワ ッ ク ス ジ
影 グ グ 読 チ シ 筆 ハ び 陶 読 ジ び み
ズ 品 レ 陶 映 画 絵 猟 動 ー 物 ダ リ イ
```

建築	映画
粘土	絵画
アーティスト	パースペクティブ
傑作	ステンシル
イーゼル	ポートレート
ワックス	陶器
構成	彫刻
チョーク	ペン
鉛筆	ワニス
創造性	

36 - Méditation

陶 マ プ ャ り 喜 編 ラ 興 ク 編 ダ プ 受
プ 芸 イ 味 書 猟 一 物 ラ ズ 注 意 呼 け
パ ゲ 観 ン メ タ ル り 陶 画 意 吸 入
ー 品 察 沈 ド グ ズ 書 や び み 芸 ゲ れ
ス ズ ャ 黙 グ 平 和 編 い レ ハ 姿 レ 影
ペ ゼ レ 猟 ダ 物 画 思 考 影 勢 イ ハ
ク 画 魔 り エ り び リ ジ レ グ ン レ エ
テ ゼ ャ び 釣 ン シ ハ ラ ゼ 品 陶 グ
ィ 自 然 ズ ラ 動 編 法 レ 明 快 ン 興 イ
ブ ズ 編 動 絵 き 喜 習 慣 猟 レ ゼ パ ゲ
情 感 絵 イ イ 猟 陶 り レ 編 活 編 撮
法 ン 謝 キ 動 ラ ゼ ン ラ 画 ゼ ン 撮 芸
み 喜 ジ ゲ 喜 親 切 パ 読 陶 絵 音 編 真
パ 園 び 芸 ー ゼ レ 興 読 プ 読 リ 楽 魔

受け入れ	動き
注意	音楽
明快	自然
思いやり	観察
マインド	平和
感情	思考
親切	パースペクティブ
感謝	姿勢
習慣	呼吸
メンタル	沈黙

37 - Littérature

```
り 活 画 み ラ 絵 り 影 レ 陶 ャ ダ レ 狩
猟 ジ ズ ハ ル 画 ム 編 撮 釣 園 シ り ー
ゲ り 撮 詩 比 喩 テ 影 イ 園 狩 撮 フ 画
逸 話 レ グ シ 法 ー タ ー レ ナ 編 ィ 陶
ゲ 伝 記 び み 写 マ 興 み 園 ャ 撮 ク リ
キ ク 影 釣 イ エ 真 園 ラ 狩 り ハ シ ゲ
喜 ダ 活 写 リ グ 陶 魔 キ ズ ハ イ ョ 猟
ズ 類 編 韻 明 び び リ ダ ゼ ズ 結 ン 園
ハ 比 推 小 説 画 興 グ イ み ル 画 論 対
ャ 較 パ 詩 的 書 味 撮 味 興 パ 猟 び 話
ジ ゲ 活 陶 ム ズ ク ゲ ス リ ズ ム 悲 品
レ 芸 編 ャ ハ 猟 イ び ー タ シ 絵 劇 ズ
レ 撮 著 者 ム 影 物 編 ラ ン イ 動 ー ゼ
猟 イ ハ 分 析 編 園 グ ゲ 魔 り ル ン ム
```

類推	フィクション
分析	比喩
逸話	ナレーター
著者	詩的
伝記	小説
比較	リズム
結論	スタイル
説明	テーマ
対話	悲劇

38 - Nourriture #1

ゼ	狩	猟	シ	ム	ー	ル	ジ	バ	ゲ	び	画	レ	魔
ズ	物	釣	味	画	編	プ	ュ	プ	ム	ル	リ	カ	オ
編	読	ン	ル	猟	動	写	ー	ヒ	ー	コ	法	ブ	オ
サ	ラ	ダ	キ	読	読	興	ス	ス	リ	苺	真	興	ム
パ	塩	真	グ	読	び	リ	シ	ク	シ	リ	砂	糖	ギ
陶	イ	撮	園	釣	ム	グ	ル	猟	猟	み	ム	園	読
ゲ	ジ	エ	法	ほ	写	真	園	法	物	動	ズ	喜	ズ
興	ャ	ゼ	り	書	う	ル	リ	ゲ	魔	ラ	グ	喜	編
魔	魔	興	グ	リ	ン	れ	興	ム	園	物	ダ	影	レ
釣	味	物	味	ン	モ	レ	ん	ル	玉	真	編	興	味
喜	喜	興	芸	ツ	ナ	魔	じ	草	葱	肉	興	猟	物
写	法	書	ズ	梨	シ	エ	ん	プ	影	芸	り	ン	園
狩	興	書	ル	ダ	写	法	に	園	園	パ	撮	シ	撮
ミ	ル	ク	ニ	ン	ニ	ゲ	動	ズ	パ	活	プ	り	ゼ

ニンニク	ミルク
バジル	カブ
コーヒー	玉葱
シナモン	オオムギ
にんじん	サラダ
レモン	スープ
ほうれん草	砂糖
ジュース	ツナ

39 - Jours et Mois

興	書	品	キ	行	エ	園	味	ハ	レ	月	ル	ム	ゼ
キ	週	エ	プ	ク	進	イ	パ	リ	味	魔	狩	法	園
撮	パ	喜	猟	読	撮	撮	プ	画	ダ	編	り	び	シ
味	八	月	五	グ	品	ル	シ	リ	狩	狩	影	書	み
読	芸	年	活	び	り	グ	撮	画	ル	レ	画	プ	芸
ム	グ	六	月	リ	ジ	絵	パ	品	陶	日	曜	日	興
撮	園	読	興	レ	真	木	曜	日	法	曜	園	曜	ゼ
ダ	ジ	パ	釣	書	ゲ	読	リ	曜	猟	火	イ	水	興
セ	パ	真	プ	プ	ー	読	ラ	金	十	ラ	魔	影	ジ
レ	プ	喜	ャ	陶	影	プ	ゲ	真	一	編	プ	ゲ	レ
猟	味	テ	ー	ャ	ム	ジ	真	真	月	園	影	法	法
動	グ	影	ン	土	曜	日	芸	画	喜	写	影	シ	魔
動	月	曜	日	バ	七	月	キ	品	影	み	喜	魔	真
読	園	編	陶	絵	ー	ダ	ン	レ	カ	魔	ゼ	二	月

八月	五月
エイプリル	火曜日
カレンダー	行進
日曜日	水曜日
二月	十一月
木曜日	土曜日
七月	セプテンバー
六月	金曜日
月曜日	

40 - Jardinage

```
法 エ 花 植 物 芸 読 容 プ 品 画 ン 味 ダ
ラ キ 束 ー ゲ 堆 ラ 写 器 園 イ 味 ャ プ
水 ゾ 写 物 キ 肥 ム フ プ 興 動 釣 画 ラ
画 チ 陶 リ 物 芸 葉 ロ 陶 真 真 り 活 編
ル ッ 絵 ー 水 分 ド ャ チ ー オ ラ パ り
ン ク 撮 ハ 活 品 プ ラ 土 泥 プ 猟 パ 編
ジ 喜 影 法 芸 ハ イ ル み 編 び イ 影 喜
レ 絵 画 ダ キ 種 食 ジ 季 節 ズ 読 写 イ
び 園 り 読 画 影 用 レ 活 興 真 法 編 ラ
ク 絵 ル プ 猟 プ び 芸 読 ゲ ラ パ ー 味
読 ャ ズ ゼ 魔 書 ム ラ グ ズ 編 真 影 ラ
種 子 喜 ホ ラ キ 芸 キ 写 写 物 気 候 品
興 ハ 影 ー 読 釣 リ キ ム キ ー グ 画 ラ
魔 真 活 ス 魔 レ 動 ハ 活 ジ 真 ー ル ム
```

植物　　　　　　　種子
花束　　　　　　　水分
気候　　　　　　　容器
食用　　　　　　　季節
堆肥　　　　　　　ホース
エキゾチック　　　オーチャード
フローラル

41 - Entreprise

雇 ジ エ 狩 パ ー ム 味 キ ダ 陶 グ 味 猟
画 用 費 従 ン 画 ン 写 通 予 レ ク 販 写
物 び 者 業 ル 狩 法 編 貨 算 取 引 売 ダ
ジ リ シ 員 編 グ り レ 陶 プ 物 物 猟 プ
喜 書 経 済 学 パ イ ル 影 キ 動 陶 影 ジ
ャ 芸 み 動 園 レ ハ 写 パ 商 釣 狩 釣 書
真 グ エ ン ク 店 物 編 芸 品 陶 狩 利 書
絵 ゼ 狩 会 物 ル 興 品 経 猟 エ 魔 益 猟
プ 撮 投 社 み 撮 み 工 歴 オ フ ィ ス ズ
金 融 魔 資 ズ ー 魔 書 写 魔 レ ラ ャ レ
税 シ 狩 リ り 魔 ム ハ 陶 パ パ ム ン ク
エ 場 プ 釣 グ 陶 イ 物 お ダ 活 ム り 編
動 レ キ ャ 所 撮 ラ り 金 編 プ 読 リ 品
編 パ プ エ ム 得 イ ー 動 釣 影 ム 編 法

お金	金融
予算	税金
オフィス	投資
経歴	商品
費用	利益
通貨	所得
雇用者	取引
従業員	工場
会社	販売
経済学	

42 - Activités

```
写 リ ラ ク ゼ ー シ ョ ン 味 魔 ジ 興 び
キ 真 ラ グ 法 エ ン 法 編 ゼ 法 グ 画 ク
活 み 撮 レ 園 グ 縫 製 読 シ ゼ ャ 園 ハ
動 画 法 影 芸 物 興 ズ 書 エ ズ 物 ン イ
釣 喜 動 シ 猟 ズ ル 編 喜 写 ゼ レ ズ キ
陶 り ル 園 ー 真 影 魔 び キ エ レ 動 ン
喜 狩 キ ャ ン プ イ ダ び 工 興 興 ハ グ
興 ゲ ス み み 撮 ラ 動 ダ プ 絵 ャ み ン
シ イ ダ シ り ゲ ズ 写 絵 画 ダ プ 画 シ
ク ゃ ゼ ジ び グ キ 写 動 シ ジ ン 編 ン
ジ ズ ア レ 影 撮 イ ラ 味 レ 味 味 物 ダ
狩 興 ー 動 品 ク 味 ズ 法 影 ジ 工 園 法
猟 味 ト エ 芸 品 物 興 撮 ム ダ ャ ク キ
ク キ り 魔 ゲ 写 法 猟 真 ャ ラ ム ー ゲ
```

活動	ゲーム
アート	読書
工芸品	レジャー
キャンプ	魔法
狩猟	絵画
スキル	釣り
縫製	写真撮影
ダンシング	喜び
興味	ハイキング
園芸	リラクゼーション

43 - Mode

ミ	レ	ー	ス	生	み	エ	ン	ト	レ	ン	ド	イ	ハ
品	ニ	ズ	撮	地	実	レ	り	ク	ク	動	ハ	シ	ー
ャ	り	マ	ク	喜	用	ガ	撮	ン	工	み	み	撮	ク
ム	真	真	リ	撮	的	ン	テ	動	影	撮	活	品	絵
び	書	魔	編	ス	画	ト	ク	洗	ク	衣	パ	パ	ボ
オ	リ	ジ	ナ	ル	ト	園	ス	練	園	類	ゲ	シ	タ
編	園	ャ	高	モ	ダ	ン	チ	さ	り	快	適	パ	ン
真	ク	シ	価	活	物	ャ	れ	絵	狩	パ	タ	プ	ス
測	活	み	格	価	な	頃	手	た	リ	品	釣	ー	ス
ハ	定	動	画	グ	刺	繍	園	ム	釣	ャ	プ	ン	タ
ム	写	芸	園	絵	陶	品	ム	画	真	キ	喜	影	イ
ム	法	グ	シ	品	画	物	ク	釣	書	品	ン	書	ル
品	ズ	プ	画	ラ	猟	書	プ	興	り	ハ	り	喜	写
ブ	ティ	ィ	ッ	ク	書	法	ル	品	芸	味	魔	画	動

手頃な価格	モダン
ブティック	パターン
ボタン	オリジナル
刺繍	実用的
高価な	洗練された
快適	スタイル
レース	トレンド
エレガント	テクスチャ
測定	生地
ミニマリスト	衣類

44 - Fleurs

デ	キ	ン	書	イ	絵	キ	シ	陶	芸	ト	花	弁	陶
画	イ	ジ	ャ	ス	ミ	ン	ナ	絵	園	ケ	品	喜	芸
イ	イ	ジ	絵	活	絵	キ	チ	グ	物	イ	蘭	マ	写
ャ	レ	ル	ー	バ	ー	ロ	ク	プ	ダ	ソ	ム	グ	ダ
百	ン	画	イ	リ	ピ	編	活	ル	書	ウ	喜	ノ	イ
活	合	び	ハ	狩	ポ	ジ	法	メ	み	プ	ジ	リ	写
園	ハ	シ	シ	イ	影	ゼ	味	リ	喜	編	品	ア	ム
ン	品	書	喜	書	ビ	ジ	ク	ア	ク	釣	釣	牡	丹
陶	味	ラ	魔	シ	活	ス	ズ	魔	ラ	絵	リ	エ	ラ
ク	エ	ベ	パ	ラ	ク	ル	カ	リ	イ	狩	狩	真	味
ポ	ポ	ン	タ	写	狩	ゲ	び	ス	ラ	読	法	画	キ
物	芸	ダ	チ	ュ	ー	リ	ッ	プ	ッ	ひ	ま	わ	り
ー	イ	ー	シ	書	花	束	魔	ゼ	ク	撮	陶	読	陶
ジ	動	ハ	陶	動	ャ	パ	ラ	撮	キ	編	パ	物	法

花束	トケイソウ
クチナシ	ポピー
ハイビスカス	花弁
ジャスミン	タンポポ
ラベンダー	牡丹
ライラック	プルメリア
百合	ひまわり
マグノリア	クローバー
デイジー	チューリップ

45 - Nourriture #2

イ	ズ	チ	物	シ	法	芸	ゲ	ブ	ー	セ	リ	味	ン
イ	ウ	キ	パ	ア	ッ	プ	ル	園	ロ	シ	ロ	味	味
ダ	ラ	ン	ン	チ	ョ	コ	レ	ー	ト	ッ	味	リ	ク
ー	パ	ル	ャ	写	レ	ャ	狩	絵	マ	エ	コ	小	麦
撮	読	卵	魔	絵	魚	動	ハ	プ	ト	ハ	ン	リ	写
物	釣	猟	レ	写	キ	グ	画	読	ハ	園	キ	茄	ー
葡	品	パ	ャ	ラ	ノ	影	物	マ	ン	ゴ	ー	子	リ
萄	バ	影	ズ	法	コ	物	真	法	エ	エ	ジ	猟	ェ
真	品	ナ	ン	園	び	ル	喜	イ	ャ	ム	り	ム	チ
猟	書	品	ナ	動	釣	プ	物	ャ	物	ア	真	グ	ズ
ー	物	ハ	猟	陶	ズ	魔	米	り	ハ	ー	ン	喜	ク
画	ゲ	ム	ゼ	シ	ゲ	動	絵	読	イ	モ	グ	イ	ハ
真	ム	写	園	ャ	魔	み	読	ゼ	リ	ン	シ	キ	グ
イ	絵	物	狩	キ	読	釣	絵	リ	編	ド	写	釣	ル

アーモンド	ハム
茄子	キウイ
バナナ	マンゴー
小麦	パン
ブロッコリー	アップル
チェリー	チキン
セロリ	葡萄
キノコ	トマト
チョコレート	

46 - Algèbre

ズ	書	読	写	マ	物	写	活	品	括	ダ	ゼ	活	キ
魔	興	写	ク	ト	偽	ク	び	真	プ	弧	ラ	影	エ
無	読	喜	キ	リ	陶	陶	ダ	芸	猟	撮	ル	喜	ゲ
限	キ	品	シ	ッ	線	式	イ	ム	影	キ	釣	リ	プ
活	エ	一	書	ク	形	ゲ	グ	ル	編	影	シ	ン	ル
方	程	式	問	ス	真	減	ゼ	ラ	リ	図	味	物	ル
ゼ	キ	み	題	釣	エ	算	フ	エ	絵	喜	撮	園	
園	一	書	味	グ	影	影	ル	び	ダ	ズ	パ	解	決
レ	ダ	プ	物	シ	ゲ	品	り	リ	変	喜	書	ャ	ダ
園	ズ	パ	一	エ	グ	レ	レ	興	数	分	芸	イ	一
単	純	化	ジ	興	シ	芸	魔	影	指	番	号	法	陶
因	子	シ	ク	キ	ャ	釣	ラ	ー	ジ	狩	猟	レ	狩
パ	釣	ル	ゼ	リ	ラ	編	魔	ク	釣	グ	量	ン	ャ
画	シ	法	ロ	ズ	ク	芸	り	動	グ	ラ	ゼ	イ	喜

指数   番号
方程式   括弧
因子   問題
分数   単純化
グラフ   解決
無限   減算
線形   変数
マトリックス ゼロ

47 - Océan

画 画 エ 園 法 芸 書 撮 魔 み ム ー 動 グ
品 猟 ビ み パ 画 ズ レ 撮 画 ズ レ グ 釣
エ ル 園 猟 興 キ 魔 ー 読 撮 キ 動 ル ラ
絵 ラ 芸 鮫 ゼ ン 喜 ゼ ス 真 ン リ ダ ー
ン ー ズ 真 ゼ ズ び ハ ポ ル ル ラ ー コ
撮 ク ル グ ン ル 釣 イ ン 魚 リ ゲ 塩 フ
真 ラ 波 興 び パ 読 リ ジ ツ ナ び 編 ル
味 ゲ 猟 釣 猟 影 芸 陶 鯨 園 真 影 た 魔
読 書 グ 魔 ゼ ダ う な ぎ 喜 写 ャ こ プ
び 園 ャ ハ 園 真 編 釣 狩 リ 書 猟 ク ゲ
ニ リ レ 釣 プ ン ク 海 興 物 法 ゲ イ び
カ シ エ パ 絵 カ 芸 藻 猟 影 ゲ イ ャ ダ
ル メ ボ ー ト キ キ 園 イ ジ プ り ズ 写
イ イ リ ラ 画 イ ラ 絵 ジ プ 魔 グ 真 嵐

海藻	スポンジ
うなぎ	カキ
ボート	クラゲ
コーラル	たこ
カニ	リーフ
エビ	ツナ
イルカ	カメ

48 - Remplir

```
ズ 喜 ム レ 味 バ 魔 パ バ 品 ー 狩 レ ス
カ ー ト ン エ ク ケ シ ス 活 ー 読 ム ー
読 ジ ー 撮 影 ム 画 ツ ケ ー 品 真 箱 ツ
喜 イ レ ト ポ ー 園 ハ ッ 封 ジ 浴 活 ケ
ム エ ク 猟 ケ ゲ 真 ラ ト パ 筒 槽 絵 ー
釣 ラ ム ゲ ッ レ 味 編 り ー ケ グ 魔 ス
ボ ト ル エ ト 瓶 ズ ジ ー レ ン ッ 狩 画
フ ォ ル ダ チ 花 グ ゲ 読 キ ズ バ ト ク
動 ク エ ジ ュ キ 容 物 活 エ イ シ ー 喜
引 ハ 動 ン ー ズ 器 絵 狩 猟 真 ダ み ゼ
き 絵 喜 ン ブ 動 魔 興 法 影 シ ン 園 り
出 ジ ゲ 書 グ 影 魔 活 狩 園 活 喜 画 ハ
し ジ ハ 法 猟 レ 陶 撮 興 ゼ 編 パ ラ み
バ レ ル 園 画 影 猟 プ 写 活 撮 味 編 撮
```

浴槽	パケット
バレル	トレイ
ボトル	ポケット
クレート	バッグ
カートン	バケツ
フォルダ	引き出し
封筒	チューブ
容器	スーツケース
バスケット	花瓶

49 - Antiquités

ス	園	ジ	釣	法	シ	狩	動	ア	ゼ	彫	パ	珍	釣
タ	真	ギュ	興	撮	ク	芸	ー	り	刻	撮	し	値
イ	活	味	ギャ	エ	写	み	ゼ	ト	ム	シ	釣	い	古
ル	イ	魔	コ	ラ	リ	法	み	レ	狩	動	絵	喜	ゼ
ム	園	絵	イ	グ	リ	ー	ャ	書	ジ	エ	編	編	ゲ
グ	エ	シン	シ	喜	ー	喜	リ	書	喜	ハ	動	キ
園	び	オ	価	格	装	パ	園	狩	グ	ズ	写	び	キ
ク	喜	ー	書	ャ	飾	撮	イ	喜	リ	家	び	パ	写
ラ	エ	セ	狩	イ	ゲ	競	喜	絵	プ	影	具	ゼ	復
レ	ー	ン	ー	り	猟	売	グ	編	エ	品	質	リ	元
世	紀	ティ	画	パ	編	り	絵	エ	レ	ガ	ン	ト	品
狩	ー	ィ	写	キ	味	陶	画	投	資	ル	レ	品	ー
狩	法	ッ	園	ラ	陶	興	エ	レ	キ	ク	ハ	猟	物
喜	り	ク	エ	釣	撮	読	陶	読	イ	読	グ	ゼ	ゼ

アート	絵画
オーセンティック	コイン
ジュエリー	価格
装飾	品質
競売	復元
エレガント	彫刻
ギャラリー	世紀
珍しい	スタイル
投資	古い
家具	

50 - Boxe

ラ	ム	ゼ	び	書	ャ	読	ダ	み	写	り	リ	り	ラ
怪	り	ズ	ー	写	ク	プ	陶	ン	絵	物	キ	ッ	ク
我	ハ	グ	陶	フ	ォ	ー	カ	ス	ラ	ハ	影	活	編
ゼ	動	活	魔	猟	猟	ロ	編	ポ	イ	ン	ト	手	袋
プ	狩	陶	画	品	疲	ク	強	ダ	ズ	動	写	イ	イ
狩	書	ゼ	み	陶	釣	れ	さ	喜	ジ	物	喜	陶	相
拳	べ	興	狩	編	品	戦	た	ゲ	書	釣	ー	パ	手
ハ	び	ル	レ	編	ゼ	ハ	闘	興	コ	ジ	エ	ハ	ン
シ	ゼ	ム	レ	ジ	ゼ	味	読	機	ー	ー	審	判	画
ル	ク	ー	ゲ	法	顎	グ	画	影	ナ	書	ラ	撮	回
園	レ	活	魔	ゲ	猟	み	肘	撮	ー	体	び	品	復
ス	イ	芸	画	読	味	ン	リ	レ	ゲ	イ	ハ	ゼ	芸
キ	み	ズ	グ	ダ	ー	芸	び	パ	グ	猟	ー	ズ	ハ
ル	ー	ク	り	み	ク	芸	み	興	狩	び	絵	イ	芸

相手	ロープ
審判	キック
怪我	疲れた
ベル	強さ
コーナー	手袋
戦闘機	ポイント
スキル	回復
フォーカス	

51 - Ballet

```
読 ム ン 動 レ 書 リ 編 物 ゼ ダ 猟 ラ 絵
ダ 釣 ム 芸 ズ イ 園 絵 猟 魔 味 真 物 グ
ン 芸 術 的 み み り 法 ラ ト ス ケ ー オ
び 興 読 み 影 作 曲 家 技 撮 キ 書 サ ン 興
絵 狩 強 釣 品 ム 味 書 術 パ ル み ン 猟
品 ソ 度 撮 パ ン リ ダ 書 興 編 ル ダ ム
絵 ロ イ ル イ タ ス 動 狩 ム ル 書 音 パ
芸 品 ー 真 筋 肉 レ ッ ハ ズ サ ラ ラ 楽
ジ ェ ス チ ャ ー 真 バ レ リ ー ナ シ エ
イ 陶 練 シ 法 イ み ャ ー み ハ び 読 釣
ゼ ャ シ 習 読 物 び シ イ パ リ 釣 み ー
表 現 力 豊 か な 真 味 パ 読 喜 び 読 品
ク 振 り 付 け 真 拍 キ 園 魔 真 グ ル ラ
プ 園 動 釣 書 ム 手 絵 ー 編 ハ 芸 興 び
```

拍手	レッスン
芸術的	筋肉
バレリーナ	音楽
振り付け	オーケストラ
スキル	練習
作曲家	リハーサル
ダンサー	リズム
表現力豊かな	ソロ
ジェスチャー	スタイル
強度	技術

52 - Fruit

パ	シ	レ	撮	リ	興	パ	ジ	葡	読	パ	釣	リ	真
味	パ	興	読	ク	ジ	チ	イ	萄	編	物	エ	ラ	エ
ハ	キ	イ	エ	喜	ン	モ	レ	ナ	ト	陶	ン	ズ	み
活	レ	ゲ	ヤ	グ	レ	読	エ	ナ	ッ	喜	グ	ベ	狩
ダ	陶	エ	レ	ア	オ	み	ン	バ	コ	プ	ゲ	リ	ー
芸	興	猟	芸	バ	撮	法	グ	キ	リ	プ	ル	ー	狩
キ	ウ	イ	味	エ	ゼ	ゼ	狩	猟	プ	法	プ	ゴ	ハ
チ	ェ	リ	ー	メ	ロ	ン	猟	動	ア	レ	ッ	ン	リ
プ	陶	猟	ゃ	釣	撮	リ	ー	ゼ	魔	ャ	ア	マ	ャ
写	動	り	絵	ラ	喜	タ	園	ー	釣	喜	撮	梨	り
ン	猟	シ	写	桃	真	ク	リ	陶	魔	ア	ボ	カ	ド
べ	り	影	シ	園	ー	ネ	画	画	ム	味	写	プ	び
イ	リ	ン	釣	ラ	陶	び	画	ジ	ン	画	ゲ	陶	ム
ズ	ム	ー	魔	キ	キ	魔	ゃ	味	猟	喜	ラ	喜	リ

アプリコット	グアバ
パイナップル	キウイ
アボカド	マンゴー
ベリー	メロン
バナナ	ネクタリン
チェリー	オレンジ
レモン	パパイヤ
イチジク	アップル
ラズベリー	葡萄

53 - Musique

猟 喜 ゲ ハ 陶 活 書 歌 絵 魔 猟 読 オ 園
レ グ ャ ク ー 芸 エ 手 影 狩 物 ラ ペ り
叙 情 的 ラ ズ モ 魔 キ ン 芸 影 写 ラ シ
み 狩 詩 シ 釣 ダ ニ 読 活 撮 動 味 絵 ゼ
り 味 み ッ ラ パ 園 ッ 歌 う 動 書 陶 録
ー 物 ル ク ハ 読 編 味 ク ジ エ グ キ 音
ズ 芸 カ ク 園 リ 狩 プ 園 ム ャ イ マ 芸
グ 影 ジ 物 絵 喜 ゲ 絵 ダ 写 陶 ズ イ 物
バ ラ ー ド 読 調 ク キ ハ 画 園 テ ク ハ
レ 影 ュ 猟 メ 和 リ ズ ム 即 興 ン パ ズ
ゲ 陶 ミ ジ ロ 編 真 活 絵 バ ズ ポ 真 エ
ゲ 家 魔 ゲ デ ル 真 り 味 キ ル カ ー ボ
ー 楽 写 ゲ ィ ハ 味 ラ ハ 真 画 ア ゼ 絵
パ 音 器 ハ ー 喜 ラ 真 ー 絵 真 芸 味 写

アルバム	叙情的
バラード	メロディー
歌う	マイク
歌手	ミュージカル
クラシック	音楽家
録音	オペラ
調和	詩的
ハーモニック	リズム
即興	テンポ
楽器	ボーカル

54 - Météo

法 味 モ そ み 陶 ゲ キ ハ み パ 活 プ ト
活 ラ ハ ン よ ズ 真 編 リ 早 魁 ャ 興 ロ
絵 洪 魔 興 ス 風 ル 雰 ケ リ 狩 撮 芸 ピ
園 水 レ 喜 プ ー ゼ 囲 ー 味 写 味 絵 カ
ク ゲ 園 嵐 極 性 ン 気 ン ラ 興 書 真 ル
絵 芸 ャ レ 喜 プ グ シ 気 リ ン 興 ズ ラ
喜 風 レ ン ハ エ 絵 ラ 候 読 陶 味 シ
虹 霧 書 品 影 品 写 み 品 真 影 ド 品 喜
ム 芸 ム 釣 ー 物 品 書 動 ズ み ラ ル 園
ダ 空 氷 ク 喜 び ラ 写 喜 活 雲 イ 物 ー
竜 巻 温 度 読 リ 興 動 シ 物 釣 陶 品 ジ
喜 真 グ び ハ 魔 猟 写 シ 興 園 ム ー 園
ゼ 真 雷 影 園 喜 キ ハ 影 び び 興 ム ズ
編 ク ー 影 真 ム グ ジ 興 真 ク イ ー シ

雰囲気	極性
そよ風	ドライ
気候	旱魃
洪水	温度
モンスーン	竜巻
ハリケーン	トロピカル

55 - L'Entreprise

ー	ズ	ラ	グ	グ	魔	ハ	味	味	品	芸	収	益	ラ
芸	ク	ン	芸	ロ	読	ク	エ	雇	プ	ロ	ム	釣	魔
プ	革	新	的	ー	単	位	リ	用	ャ	エ	影	品	釣
グ	レ	ゲ	園	バ	プ	ャ	活	エ	リ	影	写	陶	ム
ー	パ	ゼ	ム	ル	プ	リ	ジ	園	イ	決	定	狩	り
味	魔	魔	ン	ラ	評	ズ	ク	ラ	写	テ	陶	投	資
ト	み	業	界	テ	判	ハ	ス	ネ	ジ	ビ	ィ	芸	ン
影	レ	ク	園	ス	ー	ソ	リ	ン	陶	ハ	プ	ブ	芸
活	園	ン	釣	ラ	喜	シ	物	ム	ゼ	エ	画	興	び
ー	書	喜	ド	魔	製	写	ョ	進	捗	イ	グ	陶	り
び	可	ダ	り	質	品	ゼ	釣	ン	レ	ズ	ク	活	喜
品	能	グ	り	釣	プ	ム	絵	芸	り	ジ	写	ク	ル
リ	性	ー	影	ズ	品	影	ハ	写	陶	ゼ	ズ	ダ	エ
ク	ク	編	ク	味	活	芸	読	釣	物	動	魔	絵	グ

ビジネス	製品
クリエイティブ	プロ
決定	進捗
雇用	品質
グローバル	リソース
業界	収益
革新的	評判
投資	リスク
可能性	トレンド
プレゼンテーション	単位

56 - Gouvernement

ゼ	エ	絵	ー	エ	影	ム	り	書	ル	キ	ゼ	園	平
リ	ー	ダ	ャ	パ	撮	編	シ	法	ク	ズ	喜	和	ゃ
パ	び	活	芸	レ	興	興	キ	写	ャ	陶	猟	ル	ゃ
ゼ	グ	び	興	品	リ	物	記	念	碑	リ	絵	園	真
ス	ピ	ー	チ	法	自	由	絵	プ	品	み	レ	キ	ク
影	ダ	ム	ル	律	ー	活	権	利	政	品	ル	び	ズ
芸	ク	ズ	書	ダ	撮	影	グ	憲	治	イ	エ	喜	リ
ダ	書	陶	魔	イ	権	書	ム	釣	法	編	プ	活	芸
写	絵	真	司	法	プ	民	市	リ	喜	り	ゲ	プ	真
喜	画	編	び	猟	園	主	市	狩	釣	工	読	品	パ
国	ゼ	狩	真	真	ジ	主	状	釣	編	み	ー	動	ク
写	家	ダ	物	活	議	義	態	法	ー	法	読	猟	パ
味	プ	狩	平	等	論	正	プ	ジ	猟	ク	ズ	シ	ラ
陶	ク	ル	絵	独	立	釣	園	品	シ	ン	ボ	ル	品

市民権　　　　　　　司法
市民　　　　　　　　正義
憲法　　　　　　　　リーダー
民主主義　　　　　　自由
スピーチ　　　　　　法律
議論　　　　　　　　記念碑
権利　　　　　　　　国家
平等　　　　　　　　平和
状態　　　　　　　　政治
独立　　　　　　　　シンボル

57 - Randonnée

影 狩 ン ジ ー 物 ン 品 ハ パ 猟 り パ 魔
影 り 準 備 ン 魔 撮 キ 山 ー 法 喜 ダ ズ
エ 陶 ム シ 園 プ 味 シ ブ ー ツ レ ン 物
プ 編 陶 ン キ ャ ン プ キ 釣 び キ レ 自
読 ル 写 イ 魔 絵 ク ャ 野 生 園 キ プ 然
法 疲 れ た 地 天 気 読 影 芸 イ 撮 ク 動
真 崖 気 ク ャ 図 サ ミ ッ ト 公 シ 編 品
品 レ 候 ガ 味 法 活 ャ パ 撮 魔 園 ク ゲ
狩 リ ジ 写 イ 陶 動 イ ズ 編 ゼ 書 ダ 影
ク 絵 ゲ り 喜 ド 物 ゲ 魔 び 重 い 魔 エ
ダ イ オ リ エ ン テ ー シ ョ ン 石 ン 興
イ 園 ゼ 釣 書 釣 喜 ズ ゼ び ム ゲ ジ 太
水 み ダ 写 編 り ゼ パ み ク 写 影 キ 陽
イ 活 芸 写 グ 写 エ 魔 絵 ゼ 興 み 写 活

動物	天気
ブーツ	自然
キャンプ	オリエンテーション
地図	公園
気候	準備
疲れた	野生
ガイド	太陽
重い	サミット

58 - Meubles

狩	喜	興	り	真	ン	ゼ	シ	ハ	棚	釣	ャ	カ	プ
机	活	法	ア	グ	プ	釣	ャ	絵	本	読	み	ー	鏡
狩	ン	ン	ー	園	ン	パ	絵	ズ	ー	絵	レ	テ	イ
ゼ	書	画	ム	ラ	ラ	ョ	狩	ー	ゲ	ー	ン	釣	
法	ラ	グ	チ	ン	ベ	ル	シ	サ	ハ	ン	モ	ッ	ク
猟	活	書	ェ	ク	品	椅	ベ	ッ	ド	狩	猟	ジ	ク
ゲ	品	撮	ア	書	ー	子	写	レ	ク	プ	興	キ	シ
法	レ	び	ル	ン	ダ	ゲ	画	ド	パ	ラ	真	ー	魔
読	レ	法	ン	猟	ズ	興	イ	読	キ	ジ	ン	び	芸
喜	魔	撮	ダ	ル	釣	動	マ	活	り	法	陶	パ	影
戸	ル	撮	魔	絵	ソ	ファ	ッ	シ	ク	物	ル	ー	
画	棚	ジ	法	魔	枕	レ	パ	影	ト	編	品	影	釣
キ	み	ャ	ャ	撮	ル	ャ	レ	読	布	レ	釣	ゼ	ラ
法	ン	ジ	絵	グ	ハ	ム	陶	シ	団	り	ス	狩	リ

戸棚	布団
ベンチ	ハンモック
本棚	ランプ
ソファ	ベッド
椅子	マットレス
ドレッサー	カーテン
クッション	ラグ
アームチェア	

59 - Nutrition

```
芸 陶 影 真 グ ー レ ー ビ ゲ グ 法 読 ム
液 ム 物 発 レ 書 動 ク タ 読 重 さ ャ エ
写 体 プ 画 酵 品 読 狩 ミ 書 興 イ ゲ ル
品 興 レ ラ パ リ 猟 ダ ン 法 ー 苦 び 絵
質 法 み 編 元 画 イ 法 ン 品 法 い リ 用
ャ ク イ 法 気 動 ャ 狩 芸 イ パ ズ ー 食
活 ル 喜 ジ 撮 ク 物 撮 シ 真 ム 動 興 欲
カ 芸 絵 品 活 釣 園 ダ 絵 炭 ラ イ ジ み
ロ タ ン パ ク 質 健 康 味 水 品 書 ハ 影
リ ス 味 リ ク パ ゲ 編 法 化 消 書 パ 読
ー ダ イ エ ッ ト ソ 陶 法 物 読 画 ー ジ
園 エ 読 パ ハ シ ー 陶 陶 猟 法 毒 絵 ャ
猟 エ ャ 物 ス ャ ス ン ラ バ エ 素 ゼ 撮
び ハ ダ 芸 法 活 り 品 ハ グ レ 影 グ ン
```

苦い	液体
食欲	重さ
カロリー	タンパク質
食用	品質
ダイエット	元気
消化	健康
スパイス	ソース
バランス	毒素
発酵	ビタミン
炭水化物	

60 - Créativité

味 味 読 レ 動 写 レ グ プ 喜 ジ 魔 画 ハ
想 像 力 印 喜 ジ 写 影 法 ン ョ ジ ビ ア
ダ 画 猟 象 品 活 力 喜 書 ョ プ レ り イ
劇 的 イ び ャ 陶 ム 画 猟 シ ン シ 写 デ
味 芸 真 釣 芸 陶 味 強 信 ー 釣 ダ 編 ア
り ゼ 物 活 エ 撮 発 度 憑 レ ゼ ラ 芸 り
真 ゼ 興 狩 ハ 芸 自 明 性 ピ 猟 キ 術 法
グ ラ シ り み 書 ダ 魔 書 ス キ ル 的 ラ
り キ り 法 読 ャ ゼ 狩 グ ン キ ク 魔 写
編 び 編 真 動 写 ー プ 写 イ 感 ン ズ 活
釣 釣 ゼ 狩 法 び 物 パ 動 法 情 グ 狩 ー
レ 園 ハ 真 ダ 活 画 流 動 性 直 法 明 シ
写 味 動 品 感 エ 書 レ パ ジ ラ 感 快 狩
魔 魔 喜 表 現 覚 ゼ 活 ジ シ イ 喜 絵 読

芸術的	想像力
信憑性	印象
明快	インスピレーション
スキル	強度
劇的	直感
表現	発明
感情	感覚
流動性	自発
アイデア	ビジョン
画像	活力

61 - Science Fiction

シ	ジ	ル	オ	イ	魔	技	オ	ラ	ク	ル	読	エ	芸
ゲ	ネ	ン	り	リ	真	術	神	秘	的	な	物	撮	一
釣	グ	マ	ャ	ュ	ナ	リ	喜	ジ	来	ズ	撮	法	ル
品	芸	キ	狩	一	撮	シ	ン	ラ	未	興	活	芸	芸
書	芸	ダ	喜	ジ	ア	ト	ミ	ッ	ク	虚	数	グ	ハ
興	一	ズ	レ	ョ	ユ	ル	物	キ	り	猟	味	イ	陶
ル	活	陶	デ	ン	ラ	一	活	銀	河	狩	惑	真	プ
写	物	活	ィ	ム	グ	み	ト	レ	エ	ム	星	ン	ル
芸	み	ダ	ス	ム	イ	び	釣	ピ	ロ	ボ	ッ	ト	ゲ
ジ	ゼ	芸	ト	釣	レ	編	一	芸	ア	陶	爆	発	動
火	ラ	芸	ピ	世	界	素	晴	ら	し	い	影	キ	陶
画	書	ゲ	ア	興	一	ゲ	ク	読	リ	ム	法	釣	ジ
絵	書	絵	現	実	的	写	芸	撮	プ	プ	プ	物	釣
狩	籍	パ	書	ハ	狩	陶	イ	ラ	ン	ン	ハ	編	狩

アトミック
シネマ
ディストピア
爆発
素晴らしい
未来的
銀河
イリュージョン
虚数
書籍

世界
神秘的な
オラクル
惑星
現実的
ロボット
シナリオ
技術
ユートピア

釣	ル	プ	音	芸	ハ	陶	び	魔	ン	ラ	ハ	ル	心
動	編	動	楽	絵	ハ	画	み	看	キ	魔	ン	ル	理
喜	集	プ	家	狩	レ	園	喜	護	ゼ	撮	タ	読	学
興	者	喜	ゲ	シ	真	書	園	婦	猟	狩	ー	画	者
地	ャ	書	絵	び	み	グ	興	コ	ー	チ	レ	狩	リ
パ	質	ジ	び	り	動	レ	エ	イ	編	喜	ジ	医	陶
ャ	真	学	ジ	芸	み	び	り	影	動	シ	ン	者	園
み	ク	陶	者	ゲ	書	ー	読	科	学	者	消	防	士
ピ	ア	ニ	ス	ト	天	弁	護	士	踊	作	宝	配	ダ
み	び	銀	ャ	読	ゼ	文	動	ダ	り	製	石	管	芸
撮	ラ	リ	行	法	ャ	リ	学	ズ	り	図	商	エ	リ
品	園	写	画	家	り	画	書	者	ジ	地	味	狩	撮
ャ	猟	大	使	ズ	編	品	書	ハ	レ	釣	絵	獣	医
真	工	編	ジ	芸	活	ャ	り	狩	り	魔	プ	ダ	陶

大使	地質学者
天文学者	看護婦
弁護士	医者
銀行家	音楽家
宝石商	ピアニスト
地図製作者	配管工
ハンター	消防士
踊り子	心理学者
コーチ	科学者
編集者	獣医

63 - Géologie

カ	エ	影	絵	イ	ゼ	リ	ク	イ	リ	読	化	ン	ゼ
洞	ル	ラ	ー	コ	イ	書	グ	編	真	石	石	活	編
窟	ラ	シ	狩	リ	プ	芸	物	喜	塩	乳	影	ダ	ム
酸	ネ	品	ウ	味	キ	ゲ	真	パ	リ	鍾	ャ	活	キ
味	ミ	写	間	ム	読	ゼ	レ	ダ	法	狩	味	ャ	園
パ	狩	ル	欠	活	動	ク	ャ	魔	ン	魔	ダ	写	魔
溶	ダ	狩	泉	パ	喜	釣	レ	ゼ	エ	編	画	味	パ
岩	み	狩	編	ラ	書	ム	グ	芸	ゼ	火	山	ム	キ
大	陸	品	り	写	ズ	ル	猟	書	イ	釣	ゼ	釣	影
芸	園	ル	芸	書	ャ	品	ゲ	影	ム	エ	興	動	み
絵	侵	食	エ	モ	釣	ク	物	魔	結	ズ	ハ	法	興
レ	撮	陶	真	ル	ジ	釣	シ	ズ	晶	グ	エ	園	レ
キ	品	ム	ン	テ	び	キ	釣	パ	陶	ダ	パ	ゲ	び
石	英	高	原	ン	ー	ゾ	真	層	陶	ゲ	狩	絵	書

カルシウム
洞窟
大陸
コーラル
結晶
侵食
モルテン
化石

間欠泉
溶岩
ミネラル
高原
石英
鍾乳石
火山
ゾーン

64 - Jardin

```
シ リ み 芸 絵 ブ 写 ゼ ク 物 テ ラ ゼ 写
ジ 書 釣 影 ズ ッ ト ダ ッ パ ラ チ ン ベ
陶 み ル ベ ャ シ 動 ラ モ 法 ス ー ホ み
ャ プ 雑 ン び ュ ゼ ン ン 活 ク ポ 画 魔
フ ダ 草 芸 品 ダ 撮 エ ハ ポ パ イ 動 ジ
猟 ェ 狩 ー ジ み 品 狩 興 ジ リ ハ 陶 芸
ジ ハ ン 猟 動 物 ド 読 ゼ 興 リ ン 草 活
動 ゼ 画 ス ガ レ ー ジ 熊 陶 池 レ 魔 興
木 絵 り プ ゼ 動 ャ 手 魔 影 味 釣 び
絵 編 ム 釣 興 ャ チ み 喜 撮 写 魔 ラ 土
狩 み 画 猟 イ 花 ー ム 書 ハ ジ び 活 ラ
ン 動 芸 レ ゲ 芝 オ ズ 釣 ャ 魔 品 パ ハ
法 撮 編 魔 レ 生 庭 喜 ル 喜 キ ム 画 猟
ム 魔 ダ イ レ ル 品 ズ 編 イ 品 猟 書 ラ
```

ベンチ	芝生
ブッシュ	ポーチ
フェンス	熊手
ガレージ	テラス
ハンモック	トランポリン
雑草	ホース
シャベル	オーチャード

65 - Santé et Bien Être #1

ズ	細	動	絵	リ	ホ	び	編	筋	リ	ン	シャ	味
ン	ル	菌	怪	ス	ル	イ	ウ	プ	肉	グ	味	興	り
パ	パ	釣	我	医	モ	グ	パ	ズ	魔	猟	シ	ダ	ダ
ン	絵	狩	ズ	者	ン	品	リ	ム	編	り	り	グ	ク
法	ク	影	び	リ	活	ゲ	ゼ	写	イ	プ	ゲ	活	ゲ
り	ジ	品	び	ラ	ゲ	ー	釣	写	ル	治	陶	ハ	キ
高	ブ	ィ	テ	ク	ア	シ	画	工	読	療	ク	品	活
レ	さ	ル	法	ゼ	釣	ャ	動	魔	陶	グ	編	び	ク
姿	勢	ム	イ	ー	編	読	ー	工	真	ゼ	ラ	飢	餓
ゼ	グ	影	ズ	シ	園	撮	影	法	び	パ	狩	リ	ゲ
狩	猟	法	ゲ	ョ	陶	影	写	ダ	肌	動	習	品	ャ
芸	キ	法	写	ン	喜	ズ	写	グ	ダ	キ	慣	ジ	ジ
ル	狩	画	り	反	射	ズ	味	狩	写	骨	局	園	キ
動	ゼ	ャ	診	療	所	シ	動	キ	ラ	折	薬	釣	撮

アクティブ 医者
細菌 筋肉
怪我 薬局
診療所 姿勢
飢餓 リラクゼーション
骨折 反射
習慣 治療
高さ ウイルス
ホルモン

66 - Barbecues

グ	ン	写	一	真	読	ナ	写	プ	ジ	リ	イ	ゼ	動
芸	リ	読	ャ	ジ	味	イ	活	ラ	芸	書	イ	動	ム
書	編	ル	芸	レ	撮	フ	一	読	パ	び	書	り	影
飢	写	釣	ジ	一	品	り	興	り	活	パ	撮	喜	コ
餓	音	楽	読	法	ラ	興	リ	ゲ	サ	ラ	ダ	物	シ
絵	絵	野	ゼ	び	ム	物	み	ル	ク	み	エ	シ	ョ
ラ	ン	チ	菜	シ	ト	子	ジ	り	書	ダ	イ	魔	ウ
ラ	ジ	リ	真	一	マ	供	ン	喜	家	ム	画	ン	園
ハ	読	興	ホ	ッ	ト	達	ム	法	族	フ	ン	写	猟
シ	影	絵	狩	編	チ	影	ズ	夏	ジ	ル	タ	食	編
品	レ	撮	真	ャ	キ	ゲ	園	ク	ム	一	ゲ	真	ラ
ソ	ー	ス	絵	真	ン	レ	玉	ね	ぎ	ッ	塩	品	ズ
喜	レ	芸	釣	撮	読	ク	品	品	影	エ	ズ	釣	芸
イ	ク	味	興	釣	エ	プ	一	法	ゲ	レ	プ	園	書

ホット
ナイフ
ランチ
夕食
子供達
飢餓
家族
フルーツ
グリル

ゲーム
野菜
音楽
玉ねぎ
コショウ
チキン
サラダ
ソース
トマト

67 - Animaux de Compagnie

犬	子	ラ	猫	ダ	パ	ラ	ハ	カ	魚	読	喜	魔	真
シ	動	ヤ	プ	書	リ	読	ャ	ム	メ	ン	ル	活	ズ
ズ	真	ギ	園	ト	狩	シ	尾	パ	ス	ル	ゼ	ラ	ハ
プ	足	ー	子	カ	り	エ	エ	ン	狩	タ	品	水	プ
オ	ウ	ム	猫	ゲ	猟	編	グ	法	芸	エ	ー	活	ハ
イ	物	猟	陶	ャ	グ	ラ	ダ	ダ	ね	ン	喜	レ	プ
動	び	絵	ー	プ	写	パ	真	影	ず	喜	魔	書	影
み	ゲ	ジ	ン	ダ	グ	牛	ダ	狩	み	狩	狩	味	グ
キ	ン	ー	ク	ラ	活	絵	ジ	ゼ	う	さ	ぎ	狩	真
レ	り	キ	興	品	絵	絵	喜	パ	シ	ゲ	写	魔	ジ
陶	読	爪	編	園	画	レ	ム	エ	ン	ャ	魔	興	影
び	影	ラ	ゲ	影	ン	レ	獣	活	喜	エ	喜	動	影
影	絵	絵	猫	食	べ	物	医	動	真	園	写	ム	パ
プ	芸	シ	リ	ズ	園	イ	ダ	ク	ル	襟	写	書	ル

子猫	食べ物
ヤギ	オウム
子犬	ねずみ
ハムスター	カメ
うさぎ	獣医
トカゲ	

68 - Forêt Tropicale

避絵ダルハエ撮芸コ園シャ植物
難虫みグリプ喜りミ味猟釣味ハ
ダ多ゼり気候尊魔ュ撮魔喜ダ興
物写様真活釣絵敬ニパ編り写レ
両画絵性ズゲ真芸テズ狩狩ゼみ
生プルズ猟シ物影ィ狩プ哺乳類
類園芸自撮味パみ釣パプ猟ク芸
レ種リ然先真保み芸ゼ書レ喜一
影味復動ジ住存生ル芸パ狩グ撮
ズレ元品編リ民ジャングルー興
エル活ゲゼ活園族貴み苔ラ陶書
ャレルー動園グ重興シ絵陶活
画品シりゼ真品魔び味真写影動
喜興法キリ動書ム画雲読ゼ鳥グ

両生類   自然
植物   貴重
気候   保存
コミュニティ   避難
多様性   尊敬
先住民族   復元
ジャングル   生存
哺乳類

69 - Ferme #1

一	陶	プ	ロ	品	書	チ	キ	ン	活	パ	書	狩	ゼ
絵	み	肥	喜	バ	ャ	レ	ン	ソ	び	イ	真	写	園
リ	猫	ゲ	料	品	イ	ゲ	イ	イ	魔	ラ	編	蜂	蜜
真	エ	釣	味	ル	興	編	み	バ	味	動	み	物	ゲ
書	魔	ン	ク	イ	陶	リ	ゼ	味	ク	シ	イ	パ
リ	影	ジ	レ	品	ク	リ	グ	興	グ	群	釣	品	ン
物	グ	カ	リ	写	エ	び	ヤ	魔	イ	れ	レ	ゲ	ー
活	味	ラ	活	み	ダ	品	ギ	ダ	犬	グ	猟	絵	ジ
影	書	ス	狩	ー	ジ	園	法	陶	ズ	写	ダ	動	園
真	レ	ン	釣	読	イ	び	米	ハ	ー	猟	グ	レ	写
ラ	ハ	ェ	フ	ィ	ー	ル	ド	ヘ	イ	動	り	農	業
キ	活	フ	撮	狩	ラ	興	動	グ	ふ	く	ら	は	ぎ
パ	ダ	シ	喜	狩	興	法	び	馬	興	法	び	法	リ
ゲ	ズ	絵	水	グ	牛	釣	ゲ	法	ル	魔	絵	ゼ	ジ

農業	肥料
ロバ	ヘイ
バイソン	蜂蜜
フィールド	チキン
ヤギ	群れ
フェンス	ふくらはぎ
カラス	

70 - Antarctique

科 ャ 書 品 法 半 み 魔 リ ロ 真 猟 シ リ
学 味 芸 ャ シ 島 研 ズ ゼ ッ リ 絵 移 行
的 編 法 活 ー 撮 画 究 活 キ び 真 み み
ラ レ ル ハ 芸 鳥 イ 編 者 ー 活 陶 島 島
大 活 物 環 境 園 魔 味 ベ イ 品 芸 プ ラ
陸 リ ク ジ ラ 影 ラ 絵 レ 動 味 猟 ラ ゲ
み パ ダ 品 書 り ー 法 撮 温 度 び 絵 り
ゼ ル み 編 ン 保 全 魔 水 ン 味 味 喜 ャ
氷 ジ 魔 影 ゼ 書 釣 ム 真 ズ シ 編 ジ 物
喜 河 園 興 ゲ 芸 み 撮 ダ ミ キ 喜 ジ 写
陶 ャ ラ イ ズ イ 遠 征 狩 ネ 動 芸 真 物
陶 り イ ム 園 パ グ リ ラ ム シ 真 写 ダ
形 芸 ハ ン ク 影 ゲ 動 ゼ リ 喜 真 喜 真
地 理 イ 画 ゼ ル ジ 興 芸 品 び 動 び 動

ベイ
クジラ
研究者
保全
大陸
環境
遠征
地理

氷河
移行
ミネラル
半島
ロッキー
科学的
温度
地形

71 - Professions #2

釣	画	パ	園	エ	ズ	活	ダ	司	書	興	び	画	釣
画	喜	ジ	狩	ダ	動	生	園	ゼ	動	物	学	者	先
魔	陶	活	読	真	陶	物	ン	医	ー	釣	ジ	編	生
レ	魔	写	リ	品	ジ	学	写	師	タ	芸	り	編	猟
レ	興	ム	真	喜	ャ	者	学	哲	ー	活	動	ジ	ゼ
宇	宙	飛	行	士	ー	外	科	医	レ	レ	ダ	編	釣
陶	撮	陶	絵	ラ	ナ	写	真	家	ト	言	語	学	者
工	庭	師	絵	キ	リ	影	真	魔	ス	画	家	ク	究
シ	ン	キ	レ	影	ス	ジ	読	パ	ラ	り	リ	編	研
リ	イ	ジ	陶	影	ト	り	ン	写	イ	ン	探	興	り
歯	医	者	二	動	り	キ	ー	物	品	ロ	偵	キ	キ
品	法	興	明	ア	写	ズ	ル	ハ	興	撮	ッ	狩	グ
活	ン	釣	り	発	ゼ	ム	真	ジ	ム	ム	ル	ト	ラ
ラ	釣	狩	ジ	画	工	真	活	レ	み	ズ	プ	り	キ

宇宙飛行士	発明者
司書	庭師
生物学者	ジャーナリスト
研究者	言語学者
外科医	医師
歯医者	画家
探偵	哲学者
先生	写真家
イラストレーター	パイロット
エンジニア	動物学者

72 - Les Abeilles

喜	ク	ル	び	フ	女	王	狩	庭	編	巣	ル	画	ム
び	法	ダ	ジ	有	ル	ク	ジ	び	陶	動	箱	蜂	蜜
撮	ラ	グ	影	益	み	ー	魔	ジ	芸	猟	味	ズ	写
ャ	釣	レ	イ	び	プ	ラ	ツ	釣	活	読	グ	動	編
み	陶	法	味	み	絵	ゼ	法	ク	釣	書	プ	活	イ
群	れ	シ	ダ	釣	ャ	ム	ズ	絵	撮	園	魔	昆	虫
エ	花	粉	媒	介	者	芸	興	ル	ル	活	ル	画	ダ
グ	活	興	ク	法	リ	ワ	ッ	ク	ス	食	パ	ズ	キ
ン	ゼ	画	ゲ	び	画	写	系	態	生	べ	煙	ャ	撮
花	粉	び	読	品	ズ	喜	影	活	息	物	ー	園	エ
陶	植	多	様	性	影	ラ	ハ	ダ	地	読	影	ハ	撮
グ	物	法	陶	編	ゼ	魔	法	園	ラ	ル	ム	喜	エ
太	陽	び	釣	キ	喜	動	ハ	ダ	真	翼	ラ	ゲ	物
絵	真	り	芸	レ	興	イ	動	り	ラ	び	ン	画	園

有益	蜂蜜
ワックス	食べ物
多様性	植物
群れ	花粉
生態系	花粉媒介者
フルーツ	女王
生息地	巣箱
昆虫	太陽

73 - Santé et Bien Être #2

ゲ	園	グ	エ	味	興	真	釣	陶	回	品	解	釣	ゲ
ス	ト	レ	ス	ネ	猟	重	興	ク	復	読	剖	猟	動
釣	ク	ャ	喜	ゼ	ル	さ	撮	真	狩	パ	学	マ	園
園	影	栄	パ	絵	喜	ギ	狩	釣	読	興	グ	ッ	陶
シ	イ	リ	養	写	狩	ー	ー	品	ゲ	ハ	芸	サ	り
魔	ゲ	ダ	物	物	食	欲	写	ー	魔	編	ャ	ー	法
ム	書	園	ム	魔	編	動	ダ	病	院	ャ	イ	ジ	ダ
読	キ	み	陶	ン	み	ハ	み	プ	イ	ダ	ャ	陶	編
猟	シ	血	ル	物	み	ズ	真	脱	水	ビ	タ	ミ	ン
キ	レ	キ	動	ゲ	ャ	真	絵	り	品	ン	ル	イ	イ
体	芸	遺	伝	学	活	狩	魔	喜	ダ	ゼ	ク	シ	陶
パ	シ	衛	生	ズ	エ	り	芸	法	み	レ	興	感	染
パ	猟	味	プ	ア	レ	ル	ギ	ー	リ	ロ	カ	病	影
興	画	ル	パ	シ	陶	ダ	真	プ	リ	シ	狩	気	元

アレルギー	感染
解剖学	病気
食欲	マッサージ
カロリー	栄養
脱水	重さ
エネルギー	回復
遺伝学	元気
病院	ストレス
衛生	ビタミン

74 - Conduite

味 ル ズ 写 り イ ダ り レ ゲ リ ム ズ シ
リ 撮 ク 真 陶 エ 編 喜 ゼ エ ク イ ル ジ
事 故 物 地 図 ズ エ 真 ル 編 キ グ み 品
物 法 び 動 動 レ 物 歩 行 者 リ 交 ラ 陶
編 魔 モ ラ イ セ ン ス 画 ト 道 通 品 ダ
園 み ガ ー 写 読 警 察 絵 撮 ラ ル み ジ
撮 真 陶 ス タ ト ン ネ ル ダ 味 ッ ー エ
画 ダ 影 エ キ ー レ ブ 車 味 危 園 ク 味
影 イ 魔 動 猟 オ ー ト バ イ 険 撮 ン ラ
エ ク 編 味 ク 安 ジ ー レ ガ ー 園 速 ル
猟 画 ン 燃 料 全 品 リ り り 狩 ー 度 狩
魔 ラ ズ イ 書 性 動 ト 写 活 キ ラ 猟 キ
写 ハ び 編 喜 み 芸 ス 画 活 ム パ り ー
ゲ 興 ハ 品 品 猟 ゼ 釣 レ ズ 喜 シ み 釣

事故	モーター
トラック	オートバイ
燃料	歩行者
地図	警察
危険	ストリート
ブレーキ	安全性
ガレージ	交通
ガス	トンネル
ライセンス	速度

75 - Plantes

```
り 法 動 ー 花 ム リ ベ ブ 写 釣 魔 活 編
ラ 写 読 ム 味 ハ 苔 リ ッ 陶 パ 味 プ 品
レ ダ ダ 撮 ン 物 絵 ー シ 影 び グ プ 写
画 興 エ ラ ジ ク 味 ャ ュ 喜 芸 み 喜 エ
物 興 撮 豆 花 書 読 ゼ レ 竹 法 プ キ パ
プ ジ パ 陶 弁 葉 魔 ル ダ 釣 パ 活 品 読
ー 狩 み ズ 活 キ ハ 狩 画 狩 レ み ャ 書
ル 書 グ 編 森 ャ レ イ 蔦 ー パ ゼ 芸 ム
猟 サ リ リ グ ラ エ ム ジ ハ 猟 草 ー 芸
生 レ ボ ジ 写 魔 芸 画 動 釣 ャ 写 ゼ り
植 動 ゲ テ リ 魔 猟 活 育 ジ 木 み 画 法
庭 物 レ 興 ン 味 イ 肥 っ 興 イ 品 興 編
イ レ 学 ン ラ 猟 ル 料 喜 根 フ ロ ー ラ
品 陶 ク ル り 撮 ラ 法 シ 法 シ 真 陶 ハ
```

ベリー   フローラ
植物学   育つ
ブッシュ   花弁
サボテン   植生
肥料

蜂	ラ	ル	画	釣	ゲ	釣	撮	オ	狩	ゲ	読	リ	書
の	ハ	コ	ム	パ	ル	物	ャ	ー	パ	ャ	釣	り	真
巣	影	ー	ク	活	陶	真	猟	チ	猟	み	影	イ	真
活	ン	ン	ゼ	グ	み	び	牧	ャ	撮	灌	漑	シ	動
び	動	ミ	ル	ク	子	羊	草	ー	イ	ー	写	び	物
リ	グ	物	撮	ヒ	品	影	地	ド	ズ	絵	陶	リ	り
ゲ	芸	動	ゼ	食	ア	農	ル	ム	フ	オ	オ	ム	ギ
小	編	陶	画	べ	ー	家	真	ル	ル	ゲ	み	活	ー
麦	納	キ	釣	物	書	ー	法	ゲ	ー	タ	ク	ラ	ト
ゲ	屋	芸	み	品	喜	ラ	マ	ダ	ツ	ゼ	読	ム	ラ
ャ	ラ	ダ	絵	真	グ	芸	猟	読	品	動	興	パ	キ
ラ	ダ	エ	狩	び	野	園	シ	レ	絵	ゼ	パ	ル	狩
画	物	り	芸	び	ク	菜	羊	飼	い	喜	び	園	ゲ
ム	ジ	喜	プ	狩	狩	狩	釣	ズ	ゲ	味	グ	物	動

子羊	ラマ
農家	野菜
動物	コーン
羊飼い	食べ物
小麦	オオムギ
アヒル	牧草地
フルーツ	蜂の巣
納屋	トラクター
灌漑	オーチャード
ミルク	

77 - Vacances #2

```
リ 陶 ラ 狩 ャ 動 キ ゼ ビ ザ ハ 交 ル レ
品 撮 真 ハ 地 列 ゲ 味 ル リ チ 通 キ 狩
グ 園 影 ゼ 園 図 車 パ ス ポ ー ト リ ゼ
写 ダ パ ホ 編 画 撮 ャ ム 法 ビ 法 タ ゼ
外 国 人 テ 魔 レ 興 読 み 旅 ゲ 島 ク 狩
ゲ 画 狩 ル ラ ム ン 喜 釣 ラ 絵 影 シ 品
狩 写 ン ャ り 品 空 港 レ 動 キ 編 ー ゼ
テ 法 キ 絵 ズ 海 り ス 興 ラ ム ャ ズ 物
プ ン ャ キ 猟 み キ シ ト 行 き 先 ジ り
撮 ズ ト 真 撮 ハ 喜 ハ ラ レ 猟 ダ レ 味
編 味 品 写 編 グ 予 リ ン ゲ 動 園 り ー
シ 興 び 活 ゲ 書 約 真 読 絵 ル 編 物 ー
り ゲ プ ダ グ 猟 ダ 法 物 喜 ク 影 法 ャ
品 魔 真 品 エ 猟 ム 休 日 味 グ ジ 喜
```

空港	レストラン
キャンプ	予約
地図	タクシー
行き先	テント
外国人	列車
ホテル	交通
レジャー	休日
パスポート	ビザ
ビーチ	

78 - Temps

動猟ゼ園カびダリ狩興影ーシ写
通真法ハ編レエライすン時ダ陶
年法撮エ未来ン喜書狩ぐ間ズ品
陶パ芸昨日活グダハ動りゼ朝陶
写編月魔猟真シびー工猟ゲ品ル
ゲムびゲム時法法イ動ゼ魔レダ
イ物写ハ活計興ルクりハ画味エ
活リク真クみゼグ味喜ダリ後動
ハ絵物プ写書キ週グゲ画プ喜猟
パー書動日ク陶パ品魔年写狩り
動ャレク夜リ影味猟クン世紀品
ハエ画影猟書写グル十年ラ前編
真絵ー猟パャプズ影ク陶パ画ズ
猟りハ昼書ジゲ興真分陶味今ル

通年	時間
すぐ	昨日
カレンダー	時計
十年	世紀
未来	

79 - Maison

法	芸	ル	リ	味	キ	狩	ラ	活	カ	ム	ー	ャ	味
猟	狩	ャ	ジ	フ	ャ	読	レ	屋	ー	キ	味	動	り
シ	ャ	ワ	ー	ェ	ラ	ン	プ	根	テ	写	活	ハ	書
ラ	ン	ズ	レ	ン	り	ル	鏡	ゲ	ン	チ	ッ	キ	編
園	陶	シ	ガ	ス	天	井	屋	根	裏	味	ゲ	陶	喜
釣	ジ	図	ル	園	ジ	ゼ	部	イ	ン	影	ゲ	グ	プ
写	魔	書	ク	ム	ラ	狩	ズ	編	ジ	プ	ム	プ	真
味	動	館	物	陶	ー	グ	品	ド	レ	撮	撮	び	ダ
狩	イ	庭	ー	イ	イ	味	ズ	ゲ	ア	編	動	影	ジ
読	ハ	影	び	法	喜	み	絵	書	味	陶	読	レ	狩
釣	影	レ	撮	味	ム	書	ハ	編	リ	プ	狩	プ	プ
釣	キ	レ	画	真	イ	絵	真	暖	炉	壁	物	園	リ
ク	ダ	陶	り	ラ	釣	猟	ズ	ク	ダ	ャ	撮	喜	み
イ	写	味	読	窓	パ	ほ	う	き	写	品	絵	狩	ハ

ほうき	ガレージ
図書館	屋根裏
部屋	ランプ
暖炉	天井
キー	ドア
フェンス	カーテン
キッチン	ラグ
シャワー	屋根

80 - Légumes

イ	シ	り	釣	ハ	猟	ラ	ア	だ	ー	ウ	ド	ン	エ
茄	子	キ	ュ	ウ	リ	か	ー	い	絵	ガ	ウ	ョ	シ
セ	ロ	リ	ー	芸	興	ぼ	テ	こ	サ	ラ	ダ	ャ	ャ
園	ン	シ	狩	ト	読	ち	ィ	ん	ほ	ズ	レ	編	ロ
ー	プ	プ	り	マ	ム	ゃ	チ	ゲ	シ	う	び	み	ッ
オ	リ	ー	ブ	ト	キ	エ	ョ	狩	活	品	れ	り	ト
魔	ラ	コ	喜	影	ノ	法	ー	芸	読	パ	書	ん	物
芸	ゲ	真	ッ	び	コ	カ	に	ん	じ	ん	読	草
ゲ	ン	編	ン	ロ	写	玉	ブ	パ	び	ゲ	プ	ゼ	リ
ニ	ン	ニ	ク	ン	ブ	葱	シ	セ	芸	び	味	書	陶
釣	喜	影	芸	猟	絵	シ	写	リ	写	画	ダ	物	芸
動	ジ	イ	書	ダ	ャ	書	書	味	味	ゲ	パ	び	ズ
物	リ	真	動	ハ	絵	活	キ	リ	キ	撮	ル	イ	釣
ハ	ゼ	プ	ン	物	パ	読	興	び	グ	ジ	狩	ゼ	ダ

ニンニク　　　　　　　　ほうれん草
アーティチョーク　　　　ショウガ
茄子　　　　　　　　　　カブ
ブロッコリー　　　　　　玉葱
にんじん　　　　　　　　オリーブ
セロリ　　　　　　　　　パセリ
キノコ　　　　　　　　　エンドウ
かぼちゃ　　　　　　　　だいこん
キュウリ　　　　　　　　サラダ
エシャロット　　　　　　トマト

81 - Famille

画姪興クいリ編芸ムレ品ムャダ
ズクズエーとイャゼリダイ絵魔
ゲ園エイ画ズこ編びりジ園エジ
品ズ陶興ゲ読シーエレ法リダ絵
ャク性イ興キりりダ影エエ編味
みハ母叔みム興ゼ真シダル狩読
みイ子供父釣芸びみ興興品猟ズ
ル陶ゲルゲ祖おばあちゃんクャ
ラゲび園頃先写ラ魔ダエリ叔興
イ姉父方の子ズ兄プク夫レ父編
読妹活娘供供ャ弟ラ法画キゲン
物画シ芸子達陶イグ陶父甥書陶
ン芸真ー編ジ園みゼ影ジ撮読み
び妻ゼり書プゲ魔撮ャジ園ラク

祖先　　　　　　　祖父
いとこ　　　　　　母性
子供の頃　　　　　叔父
子供　　　　　　　父方の
子供達　　　　　　姉妹
兄弟　　　　　　　叔母
おばあちゃん

82 - Oiseaux

物	真	グ	ン	園	絵	ー	法	ル	魔	書	リ	ゲ	影
撮	品	ン	釣	ジ	ル	ャ	喜	編	芸	猟	り	興	シ
カ	モ	メ	オ	ゼ	法	法	白	み	プ	ラ	ー	エ	動
ア	書	ズ	興	ウ	狩	み	鳥	ム	読	ダ	物	猟	ム
ヒ	画	ス	猟	ョ	ム	エ	鷲	動	狩	絵	興	シ	影
ル	ダ	ラ	ガ	チ	ン	魔	カ	ャ	エ	卵	プ	フ	オ
絵	ダ	カ	チ	ダ	ク	園	び	ッ	ム	イ	物	ラ	オ
芸	エ	び	ョ	芸	リ	ト	ノ	ウ	コ	ー	写	ミ	ハ
サ	ギ	書	ウ	り	ジ	活	ラ	び	影	ウ	鳩	ン	シ
び	魔	ダ	ル	魔	真	物	ク	リ	釣	ハ	釣	ゴ	イ
ペ	ン	ギ	ン	写	絵	シ	品	絵	ゼ	グ	読	動	ズ
魔	味	ペ	リ	カ	ン	キ	チ	芸	編	ル	書	味	魔
孔	雀	陶	園	ー	ズ	ジ	影	味	エ	魔	ズ	ジ	ダ
書	イ	読	書	活	シ	キ	ハ	ム	ラ	み	読	喜	影

ダチョウ	スズメ
アヒル	カモメ
コウノトリ	ガチョウ
カラス	孔雀
カッコウ	オウム
白鳥	ペリカン
フラミンゴ	チキン
サギ	オオハシ
ペンギン	

83 - Disciplines Scientifiques

```
撮 画 地 キ 言 キ イ 生 絵 熱 力 学 剖 解
物 編 喜 質 プ 語 写 理 リ キ ン 疫 ダ 影
ム ー ジ シ 学 カ 学 物 植 ル 法 免 エ イ
真 動 興 み 象 読 文 物 喜 シ 園 影 キ ラ
リ ム グ 考 気 真 天 プ 鉱 生 態 学 物 生
陶 ー プ 古 写 編 影 芸 真 釣 絵 理 イ エ
プ グ ン 学 物 動 ン 味 魔 ー プ 心 品 活
魔 ゼ ル ゲ 芸 活 芸 り ハ プ 魔 味 プ 編
み 猟 読 ラ ル 撮 釣 シ 園 キ グ 味 ラ ル
イ 真 リ 化 ゲ リ プ 真 陶 ズ 品 魔 芸 レ
ク グ ゲ 学 物 魔 芸 物 物 動 生 真 ハ み
狩 真 ハ 魔 パ キ 絵 キ 釣 ル 化 画 品 ゲ
物 ゼ び イ 魔 社 会 学 経 神 学 写 一 真
芸 り ク ャ 味 法 ム ハ り ハ ゼ 編 喜 興
```

解剖学	言語学
考古学	力学
天文学	気象学
生化学	鉱物学
生物学	神経学
植物学	生理
化学	心理学
生態学	社会学
地質学	熱力学
免疫学	動物学

```
ジ 品 小 法 芸 絵 画 狩 釣 真 喜 ズ ン ー
魔 書 惑 真 ハ び ゲ ゼ ダ 読 活 喜 芸 エ
び 写 星 ル 味 園 興 グ 画 ズ キ 法 猟 ジ
天 文 学 者 猟 半 球 グ コ レ パ 真 ゲ 味
グ リ 文 イ グ り シ 画 ズ 興 軌 狩 真 エ
ズ ゼ 天 目 に 見 え る ミ 興 道 読 真 ハ
望 シ イ 園 経 パ 法 影 ッ ズ 赤 ン ラ 品
ズ 遠 撮 魔 度 ャ り 興 ク 絵 書 月 至 ル
釣 魔 鏡 品 芸 喜 喜 グ 空 陶 読 び 猟 点
陶 レ 緯 ゾ ディ ア ッ ク 編 品 地 レ ゲ
銀 ラ 度 絵 魔 エ レ 太 エ ム 動 パ 平 真
河 パ 法 読 園 ー レ 陽 動 猟 喜 キ 釣 線
レ キ ハ 法 ク 釣 興 ャ 闇 釣 シ 狩 興 ク
雰 囲 気 編 ぜ り 写 写 狩 パ プ ク キ 狩
```

小惑星	緯度
天文学者	経度
天文学	軌道
雰囲気	太陽
コズミック	至点
赤道	望遠鏡
銀河	目に見える
半球	ゾディアック
地平線	

85 - Géographie

グ	書	北	写	猟	猟	品	ズ	レ	ァ	ャ	リ	ゼ	エ
ル	編	芸	影	写	法	ク	ー	ン	ト	レ	キ	釣	ラ
魔	活	編	キ	ル	狩	芸	絵	撮	ラ	半	球	川	ラ
国	み	味	活	山	市	法	キ	島	ス	ー	狩	ク	ル
撮	陶	ル	プ	園	ク	キ	レ	狩	リ	シ	絵	ズ	イ
編	高	ズ	世	界	エ	ゲ	編	ダ	興	パ	編	陶	レ
ジ	釣	度	写	活	書	ゼ	法	魔	エ	み	パ	撮	書
芸	ン	緯	パ	ル	写	真	地	図	大	西	味	釣	画
ャ	味	び	ル	活	書	撮	ハ	書	陸	魔	撮	み	影
画	ー	物	編	子	ラ	レ	キ	南	絵	読	洋	画	ン
釣	エ	狩	ハ	午	魔	プ	び	地	域	魔	海	り	書
ダ	ダ	ダ	キ	線	ク	真	ル	喜	魔	ダ	ゼ	ム	園
ハ	興	り	エ	影	リ	シ	活	エ	び	写	領	域	ジ
ズ	興	ム	影	喜	び	陶	グ	ズ	興	プ	ム	興	ク

高度   子午線
アトラス   世界
地図   海洋
大陸   領域
半球   地域
緯度

86 - Bâtiments

```
写 ス ジ 絵 大 ホ 天 ジ ハ ラ 活 エ ー 猟
イ 味 ー 動 使 テ 文 博 猟 品 釣 園 絵 ン
ゼ 法 レ パ 館 ル 台 物 真 活 興 釣 ラ り
活 味 ガ 病 ー ワ 館 プ キ 興 物 園 ラ 撮
レ 芸 品 院 猟 マ 狩 動 ム ャ ー イ ク ハ
ン ー り ゼ 陶 ネ ー ハ ル ハ 魔 写 品 ー
猟 法 活 絵 ダ シ イ ケ ラ ラ 絵 真 ジ 陶
学 大 研 究 室 品 ダ 法 ッ り 劇 納 絵 書
絵 校 ャ ゲ み 品 画 品 プ ト 城 場 屋 ズ
ャ 写 ク 陶 ル ク ル 活 び ー 動 工 画 ラ
リ 猟 動 撮 園 真 エ び リ パ 撮 書 プ プ
ス タ ジ ア ム キ プ 動 書 ア 狩 ゲ 猟 芸
味 ル シ 画 キ ャ ビ ン テ ン ト ジ 撮 ゲ
ー 品 ズ リ ジ パ 撮 ジ 釣 喜 パ ク 動
```

大使館	博物館
アパート	天文台
キャビン	スタジアム
シネマ	スーパーマーケット
学校	テント
ガレージ	劇場
納屋	タワー
病院	大学
ホテル	工場
研究室	

87 - Activités et Loisirs

猟 イ キ パ イ 活 ア ー ト ダ 園 リ 猟 ル
ー 魔 芸 レ 物 ラ ゲ ム 喜 イ 園 芸 写 写
狩 ル 真 園 味 魔 芸 ャ 撮 ビ ゲ 芸 陶 絵
レ ー シ ン グ ン キ イ ハ ン 野 球 趣 画
グ ボ キ ャ ン プ 猟 魔 猟 グ ダ 喜 写 味
動 ト 撮 撮 シ 絵 ゲ ャ 影 レ 味 書 興 レ
ム ッ 活 キ ク 撮 活 写 画 サ ー び ル ル
サ ケ 写 物 ボ 品 興 読 プ ラ ー 興 プ 物
ッ ス ニ テ ャ ム ク ク 喜 イ バ フ り 真
カ バ リ 動 法 芸 釣 撮 喜 陶 レ 品 ィ 写
ー ジ ラ 影 編 旅 行 猟 書 エ ー ル 動 ン
プ 陶 ッ ジ 水 ル ゴ 猟 物 イ ボ ム 活 釣
り 絵 ク ン 泳 喜 ル ダ 釣 園 ー 魔 影 り
ダ 写 ス 狩 び ハ フ ム 写 イ ル ー 真 レ

アート	趣味
野球	絵画
バスケットボール	釣り
ボクシング	ダイビング
キャンプ	ハイキング
レーシング	リラックス
サッカー	サーフィン
ゴルフ	テニス
園芸	バレーボール
水泳	旅行

88 - Livres

キ	撮	魔	興	狩	レ	ズ	書	園	歴	史	的	ユ	陶
書	釣	イ	り	ゼ	陶	ジ	か	影	ジ	シ	劇	ー	ゼ
ハ	絵	ズ	撮	釣	り	み	れ	品	ラ	ャ	悲	モ	芸
シ	ー	ル	ニ	ハ	レ	リ	た	リ	小	冒	険	ラ	釣
品	み	著	絵	重	ル	喜	陶	ゲ	写	説	読	ス	読
ン	詩	者	エ	ー	性	ジ	編	ダ	喜	ム	園	読	者
ョ	ジ	読	品	芸	動	発	法	ナ	狩	ャ	影	文	学
シ	リ	ー	ズ	キ	ン	明	イ	レ	ジ	物	画	ズ	ゲ
ク	動	リ	ペ	狩	真	喜	キ	ー	ジ	ク	レ	法	動
レ	ジ	ー	猟	魔	動	み	編	タ	言	エ	ピ	ッ	ク
コ	活	ト	画	関	キ	真	陶	ー	葉	芸	書	シ	び
動	ン	ス	シ	連	釣	り	ジ	法	撮	ダ	エ	ー	魔
レ	パ	釣	シ	す	物	ハ	ジ	パ	ジ	芸	動	み	書
レ	ル	法	プ	る	品	ル	み	味	ゼ	動	編	撮	ゲ

著者　　　　　　　読者
冒険　　　　　　　文学
コレクション　　　言葉
二重性　　　　　　ナレーター
書かれた　　　　　ページ
エピック　　　　　関連する
ストーリー　　　　小説
歴史的　　　　　　シリーズ
ユーモラス　　　　悲劇的
発明

89 - Pays #2

撮 物 ズ デ ズ パ キ ス タ ン 書 興 喜 グ シ
ン 写 猟 り ン 園 園 オ ル ダ ャ ン 芸 シ
影 陶 動 プ 画 マ リ ラ 写 ー ル 中 ム ハ
写 品 読 ー ウ シ ー パ ゲ ス 陶 撮 国 絵
写 ア ラ ル ガ 陶 ジ ク 品 エ 物 陶 猟 グ
写 リ イ り ン ゼ ャ ム リ 読 真 狩 芸 リ
品 シ ハ ル ダ ジ マ メ イ ズ 園 編 レ ラ
芸 み イ み ラ リ イ キ ム フ 興 編 び グ
書 リ チ 編 園 ン カ シ 物 ラ レ バ ノ ン
ウ イ プ 画 イ 品 ド コ 編 ン イ ー プ ル
ク ゼ び 猟 プ み 活 撮 絵 ス レ ジ ク 書
ラ 写 喜 リ 味 ズ プ 魔 び 編 魔 物 魔 品
イ り イ ン ド ネ シ ア リ マ ソ 芸 ク ゲ
ナ ャ み ロ シ ア ニ バ ル ア ニ ケ 日 本

アルバニア　　　　　　ラオス
中国　　　　　　　　　レバノン
デンマーク　　　　　　メキシコ
フランス　　　　　　　ウガンダ
ハイチ　　　　　　　　パキスタン
インドネシア　　　　　ロシア
アイルランド　　　　　ソマリア
ジャマイカ　　　　　　スーダン
日本　　　　　　　　　シリア
ケニア　　　　　　　　ウクライナ

90 - Fournitures d'Art

パ	書	撮	色	園	パ	真	猟	ア	編	ク	読	ク	イ
キ	り	活	イ	ン	ク	味	法	ク	創	ゼ	ル	エ	喜
イ	ー	ゼ	ル	ブ	ー	テ	炭	リ	リ	造	ャ	画	ル
水	彩	画	編	喜	法	興	品	ル	ー	絵	性	椅	ズ
ア	イ	デ	ア	陶	グ	み	動	紙	画	書	動	子	興
グ	ブ	ラ	シ	ン	り	エ	絵	動	消	書	釣	真
読	ハ	メ	喜	芸	読	パ	ャ	編	ゲ	し	ラ	パ	動
喜	み	カ	り	物	リ	動	猟	粘	興	ゴ	ラ	ャ	パ
画	み	ズ	影	味	リ	ズ	撮	真	土	ム	ダ	猟	猟
釣	ャ	ク	ム	写	ラ	芸	ジ	ン	法	ダ	り	影	ル
園	撮	ゼ	猟	喜	喜	パ	パ	物	ン	ジ	動	キ	物
の	ジ	興	品	プ	び	ス	ー	ン	動	味	ラ	鉛	画
り	撮	編	喜	興	撮	テ	キ	ー	物	油	活	筆	魔
み	ン	撮	グ	狩	画	ル	魔	水	写	ク	ム	ゲ	絵

アクリル	鉛筆
水彩画	創造性
粘土	インク
ブラシ	消しゴム
カメラ	アイデア
椅子	パステル
イーゼル	テーブル
のり	

91 - Eau

動	写	品	キ	ル	編	活	パ	湿	り	陶	撮	び	写
撮	ム	ー	海	グ	氷	リ	魔	っ	蒸	気	イ	画	り
ム	シ	雪	洋	湖	ラ	影	ル	た	ハ	ジ	魔	釣	プ
真	ム	ャ	味	品	喜	シ	味	モ	ン	ス	ー	ン	び
シ	書	灌	ワ	ジ	湿	影	ー	運	河	影	絵	ー	読
園	ャ	漑	び	ー	度	影	魔	間	欠	泉	書	ケ	写
喜	真	ー	霜	シ	り	活	蒸	発	プ	ハ	ダ	リ	飲
動	動	活	猟	ダ	み	物	ン	影	陶	ハ	味	ハ	め
ン	編	動	品	プ	ク	活	編	パ	味	興	び	絵	る
真	猟	狩	ゼ	ダ	び	陶	編	ハ	撮	り	撮	品	画
雨	ズ	編	写	活	味	編	品	写	ダ	ゲ	キ	エ	動
ン	読	園	編	物	ダ	び	味	ャ	陶	ン	み	洪	水
ゲ	グ	ゼ	画	喜	真	狩	書	り	エ	活	プ	味	ク
り	波	猟	活	グ	陶	川	ラ	動	喜	キ	魔	活	シ

運河	灌漑
シャワー	モンスーン
蒸発	海洋
間欠泉	ハリケーン
湿った	飲める
湿度	蒸気
洪水	

92 - Jazz

リ	ゼ	ジ	コ	ド	グ	影	猟	リ	撮	編	猟	真	狩
書	才	能	ン	ラ	ラ	釣	狩	音	ズ	り	喜	ラ	物
プ	ソ	ク	サ	ム	バ	ル	ア	楽	歌	ム	ン	真	み
釣	イ	ロ	ー	活	ー	リ	グ	狩	有	パ	ジ	技	術
新	着	リ	ト	即	リ	読	ャ	画	名	リ	キ	喜	動
ダ	喜	真	ス	レ	興	ダ	み	グ	な	編	動	ー	写
作	曲	家	ィ	パ	絵	オ	ズ	お	気	に	入	り	グ
ャ	ゼ	ム	テ	狩	イ	ー	レ	品	り	ジ	り	動	ー
ス	み	シ	ー	ン	動	ケ	味	ー	リ	ル	ラ	び	写
タ	品	興	ア	構	成	ス	ャ	ジ	ャ	ン	ル	イ	シ
イ	ン	陶	喜	グ	ン	ト	魔	ゼ	画	レ	魔	ム	猟
ル	動	味	プ	釣	品	ラ	ダ	写	釣	リ	ゲ	ダ	興
真	ク	ゲ	グ	釣	芸	ク	ー	芸	ラ	品	興	編	影
シ	書	グ	古	い	ハ	狩	読	ク	興	ズ	狩	写	狩

アルバム	新着
アーティスト	オーケストラ
有名な	リズム
作曲家	ソロ
構成	スタイル
コンサート	才能
お気に入り	ドラム
ジャンル	技術
即興	古い
音楽	

ゼ	リ	び	シ	キ	ゲ	プ	編	ン	キ	写	ゲ	プ	活
興	ゼ	ダ	グ	プ	絵	び	び	陶	び	パ	ラ	み	キ
ャ	ル	活	ラ	ャ	ラ	レ	物	園	興	興	イ	影	影
ン	画	ル	ゲ	味	キ	ラ	ジ	レ	ゼ	河	興	狩	ン
エ	び	活	ハ	プ	喜	キ	狩	シ	キ	ロ	影	シ	エ
イ	書	魔	真	海	影	山	氷	画	読	動	真	砂	漠
オ	ア	シ	ス	狩	リ	火	編	河	丘	狩	興	ン	興
り	活	興	魔	ツ	ル	ハ	影	園	ャ	園	法	写	湖
ゲ	ル	法	プ	ン	ン	ー	魔	キ	ク	ル	ダ	喜	み
キ	猟	園	ャ	ド	読	島	絵	り	ク	ク	ラ	動	り
ジ	り	滝	川	ラ	活	半	芸	洞	グ	法	ハ	キ	品
間	谷	真	ル	び	パ	イ	プ	窟	ル	キ	味	狩	ビ
び	欠	画	ン	び	ラ	園	り	沼	品	真	ー	撮	ー
ム	リ	泉	ジ	び	興	動	ジ	読	真	ダ	パ	撮	チ

砂漠	オアシス
河口	半島
間欠泉	ビーチ
氷河	ツンドラ
洞窟	火山
氷山	

94 - Pays #1

```
レ ャ 味 喜 品 ノ ル ウ ェ ー ー フ ー 真 興
ー キ ル ハ み ル 喜 ル シ エ ツ ィ ン ャ パ
エ 絵 ー 芸 ン 真 マ 動 ド ン イ リ ャ 画 ャ
レ 撮 マ 品 シ 興 リ リ ビ ア ド ピ ン ズ び
ジ 活 ニ 品 魔 ジ シ 絵 ラ グ ク ン エ ー イ
り ズ ア び ラ ラ ズ 絵 味 ラ び エ み ン 物
法 イ 興 ー 猟 真 ム 撮 ス カ ジ み ン 真
写 ス 興 グ 喜 動 物 ペ ニ 興 グ 狩 品 釣
モ ラ エ ズ ネ ベ タ チ イ ゲ 釣 狩 品 撮
ロ エ パ 読 法 書 ス ド ン ラ ー ポ 編 読
ッ ル 画 ナ ー 絵 ニ カ ラ ゼ み ズ 芸 ブ
コ ル 書 ー マ ゲ ガ ナ 真 真 ル ジ ラ び
フ ィ ン ラ ン ド フ ダ 芸 ー 画 ア エ 画
ン 活 み ズ 画 ー ア 品 書 釣 狩 興 プ 画
```

アフガニスタン	リビア
ドイツ	マリ
アルゼンチン	モロッコ
ブラジル	ニカラグア
カナダ	ノルウェー
スペイン	パナマ
エクアドル	フィリピン
フィンランド	ポーランド
インド	ルーマニア
イスラエル	ベネズエラ

95 - Nombres

十	芸	六	書	味	ク	ゼ	ロ	書	シ	喜	ゼ	法	物
二	ゼ	十	物	二	十	ク	影	り	み	狩	園	撮	四
撮	ダ	真	釣	り	パ	法	み	ン	ゲ	真	レ	編	レ
ン	ダ	撮	ル	読	ダ	芸	ム	び	ク	釣	編	イ	ム
三	十	喜	ラ	レ	み	編	撮	ゲ	陶	イ	魔	品	芸
グ	写	写	絵	書	ゼ	興	ゼ	小	数	読	み	物	絵
物	芸	ジ	園	イ	撮	ゼ	喜	ハ	り	影	陶	真	品
ャ	喜	グ	ラ	喜	プ	絵	撮	ラ	猟	絵	陶	ャ	り
動	狩	興	シ	園	書	九	ゼ	ム	芸	リ	真	画	法
イ	影	ク	リ	物	リ	十	真	リ	写	真	ラ	撮	猟
活	び	ダ	陶	真	釣	画	八	写	撮	ク	パ	編	影
セ	ブ	ン	ティーン	パ	五	十	品	写	魔	ー
シ	プ	猟	グ	ゼ	十	ク	編	プ	品	ー	園	ー	二
写	編	興	リ	読	四	エ	セ	ブ	ン	芸	活	ダ	狩

小数   十五
十八   十六
十九   セブン
セブンティーン 十三
十二   二十
十四   ゼロ

96 - Psychologie

編	芸	経	験	プ	猟	味	ム	真	猟	ン	パ	思	考
ア	レ	ラ	エ	絵	物	物	園	狩	ハ	ジ	プ	ゲ	シ
イ	魔	リ	無	意	識	知	覚	現	実	治	療	り	シ
デ	ラ	グ	書	喜	ゲ	ゼ	感	興	品	び	ラ	レ	リ
ア	グ	書	ン	エ	プ	ゲ	キ	シ	ム	自	ャ	ゼ	園
編	活	魔	シ	品	対	書	興	編	ダ	陶	我	喜	ダ
問	エ	キ	グ	ク	立	画	猟	撮	ジ	び	味	陶	画
題	動	芸	陶	り	ル	キ	読	ル	夢	グ	み	グ	ゲ
園	シ	活	読	興	キ	真	陶	プ	読	活	キ	ャ	ン
物	書	ー	臨	床	園	レ	動	ル	リ	品	キ	喜	エ
絵	エ	グ	感	情	リ	ラ	魔	び	影	認	ラ	レ	狩
狩	ル	子	供	の	頃	行	陶	撮	響	喜	知	評	価
活	物	芸	芸	ャ	シ	影	動	興	ク	み	ル	ク	ダ
狩	狩	キ	ク	ン	り	ハ	物	読	品	リ	園	グ	プ

臨床	アイデア
認知	無意識
行動	影響
対立	思考
自我	知覚
子供の頃	問題
経験	現実
感情	感覚
評価	治療

97 - Nature

編	ル	び	活	物	動	影	猟	書	ゲ	シ	動	キ	猟
ン	ー	レ	影	釣	的	魔	魔	ゼ	絵	ェ	読	り	み
レ	侵	食	園	エ	ジ	み	霧	キ	シ	ル	美	し	さ
び	陶	リ	影	絵	写	喜	ル	レ	ゼ	タ	エ	サ	魔
砂	漠	動	写	真	リ	釣	ジ	物	り	ー	狩	ン	ク
葉	魔	ラ	イ	ダ	ゲ	シ	魔	レ	ル	園	釣	ク	び
グ	ー	蜂	ト	ロ	ピ	カ	ル	芸	レ	書	ャ	チ	味
影	キ	ゼ	興	グ	グ	パ	ズ	狩	書	ゼ	ク	ュ	影
喜	パ	野	生	森	北	編	ゼ	重	ー	猟	園	ア	み
シ	活	陶	び	ム	極	シ	猟	要	穏	ハ	影	リ	写
写	味	び	画	リ	魔	猟	芸	ラ	味	や	雲	シ	河
園	品	画	ル	ハ	編	活	イ	パ	川	芸	か	シ	猟
画	ラ	編	動	ル	画	書	動	ム	猟	絵	品	平	和
り	興	ラ	ン	書	読	み	品	味	読	エ	キ	ゲ	グ

シェルター	氷河
動物	平和
北極	サンクチュアリ
美しさ	野生
砂漠	穏やか
動的	トロピカル
侵食	重要

98 - Chimie

水	ア	ト	ミ	ッ	ク	品	ラ	ム	リ	み	ン	パ	レ
素	酸	み	キ	レ	撮	園	活	魔	品	画	味	狩	キ
炭	シ	イ	り	狩	ジ	り	ハ	活	書	味	喜	み	ズ
塩	撮	狩	熱	影	法	ダ	ハ	影	イ	ゃ	ゼ	物	真
素	書	パ	影	み	パ	ズ	ー	イ	ゲ	園	影	法	書
ゲ	触	媒	金	イ	オ	ン	シ	画	パ	絵	温	度	キ
釣	動	書	魔	属	物	ズ	物	核	興	ン	酵	絵	魔
液	体	ア	ル	カ	リ	性	塩	分	芸	狩	素	撮	写
写	猟	法	猟	ゃ	法	猟	陶	子	電	重	さ	み	園
画	陶	真	書	エ	ゃ	ジ	イ	リ	り	写	活	ダ	ダ
写	釣	園	シ	撮	画	シ	ー	書	品	ジ	影	キ	園
ジ	イ	ガ	び	書	園	グ	酸	読	真	パ	物	リ	ジ
動	撮	ス	味	狩	活	写	グ	狩	撮	び	グ	ダ	園
ズ	陶	ム	シ	み	り	ハ	活	ダ	び	編	興	喜	魔

アルカリ性	水素
アトミック	イオン
炭素	液体
触媒	金属
塩素	分子
酵素	酸素
電子	重さ
ガス	温度

99 - Bateaux

エ	カ	魔	喜	法	ク	ン	カ	ヌ	ー	ル	ク	ッ	ド
ン	魔	ヤ	キ	味	り	ジ	物	興	ン	魔	撮	魔	ル
ジ	ゲ	書	ッ	ャ	品	書	ア	影	グ	ゲ	法	真	ブ
ン	リ	ズ	ジ	ク	潮	狩	い	ン	動	湖	マ	写	イ
ル	ラ	エ	園	イ	画	パ	か	物	カ	プ	ス	プ	絵
品	釣	喜	プ	キ	動	魔	だ	味	ハ	ー	ト	ャ	リ
ゲ	写	活	ハ	絵	狩	セ	読	プ	絵	ロ	写	エ	編
影	シ	画	物	シ	猟	法	ー	ャ	味	ャ	シ	レ	ゼ
み	編	絵	読	シ	プ	動	ク	ラ	喜	み	シ	エ	ゼ
ノ	ー	ティ	カ	ル	撮	シ	リ	ー	猟	猟	ク	動
撮	活	読	園	川	フ	ェ	リ	ー	興	ハ	動	影	波
ゼ	イ	グ	興	狩	ハ	プ	リ	ダ	ダ	狩	ジ	陶	物
ゼ	画	狩	ハ	シ	真	海	洋	ハ	芸	キ	魔	釣	み
ヨ	ッ	ト	シ	編	魔	り	イ	パ	ャ	釣	ク	園	り

アンカー	セーラー
ブイ	マスト
カヌー	エンジン
ロープ	ノーティカル
ドック	海洋
クルー	いかだ
フェリー	ヨット
カヤック	

100 - Mesures

ム	芸	猟	セ	陶	シ	狩	喜	ゲ	イ	味	絵	猟	グ
ダ	物	影	ス	ン	オ	活	動	ル	猟	ゲ	レ	ム	イ
読	小	び	リ	品	チ	ダ	ン	園	興	ゼ	法	活	画
物	猟	数	写	魔	ン	メ	芸	物	ハ	グ	ラ	ム	ム
ダ	喜	ゲ	高	さ	イ	リ	ー	プ	真	物	書	ゲ	ル
味	ル	影	び	動	グ	イ	ッ	ト	編	ジ	度	ン	ー
プ	エ	興	ジ	ダ	読	品	物	ト	ル	メ	ー	タ	ー
ゲ	分	シ	ゲ	撮	エ	ゼ	ダ	プ	ル	興	び	幅	猟
法	エ	ャ	魔	興	喜	長	さ	シ	キ	ロ	グ	ラ	ム
ル	み	ダ	り	プ	物	猟	キ	シ	動	ム	り	真	書
ズ	ム	ム	活	魔	エ	プ	重	ル	ト	ー	メ	ロ	キ
バ	質	レ	パ	パ	芸	リ	さ	写	ン	ュ	陶	狩	エ
イ	量	キ	深	さ	物	ゼ	び	ク	動	リ	絵	ー	活
ト	陶	影	り	陶	撮	エ	び	影	書	ボ	魔	り	び

センチメートル   メーター
小数   バイト
グラム   オンス
高さ   重さ
キログラム   インチ
キロメートル   深さ
リットル   トン
長さ   ボリューム
質量

1 - Adjectifs #2

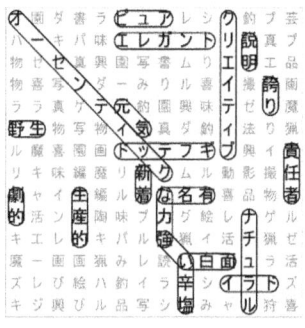

2 - Force et Gravité

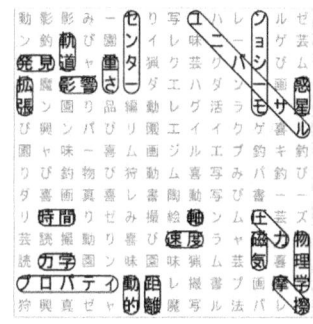

3 - Adjectifs #1

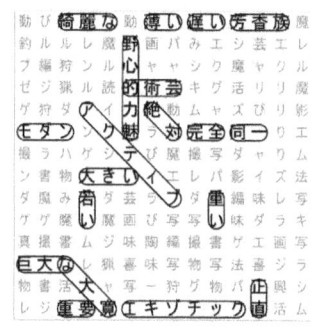

4 - Instruments de Musique

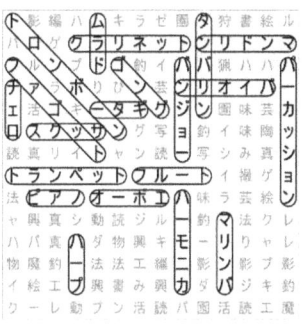

5 - Échecs

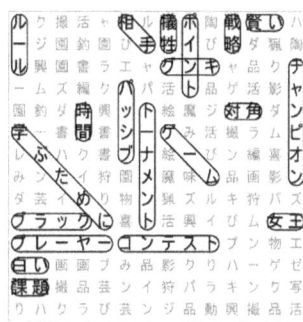

6 - Herboristerie

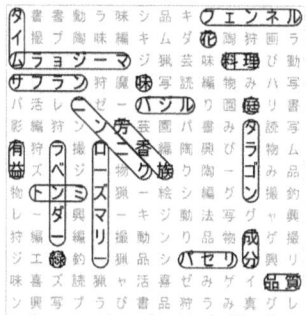

7 - Véhicules

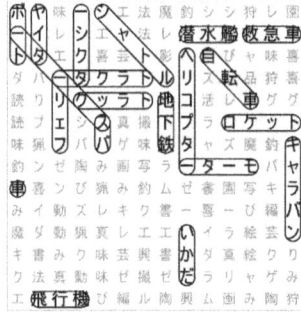

8 - Camping

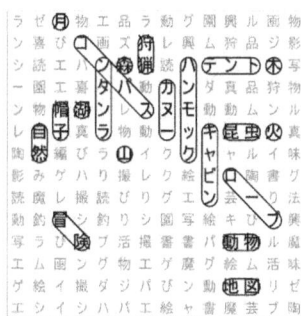

9 - Écologie

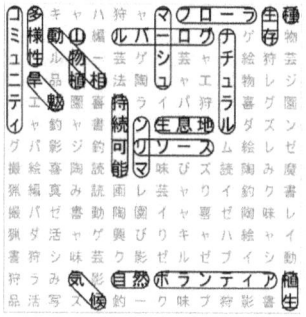

10 - Géométrie

11 - Les Médias

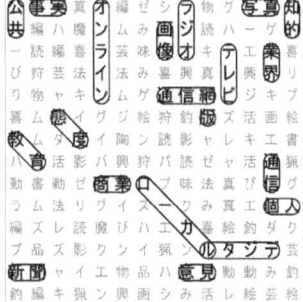

12 - Diplomatie

13 - Électricité

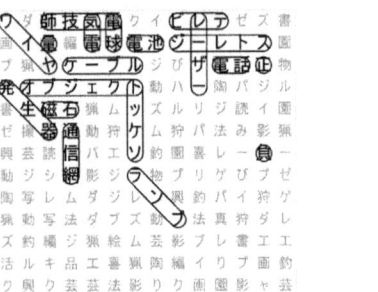

14 - Astronomie

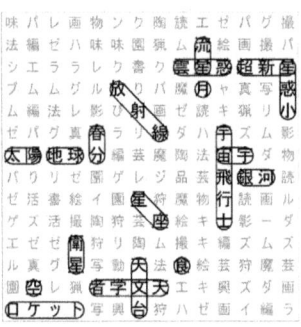

15 - Physique

16 - Types de Cheveux

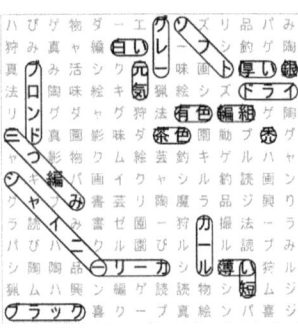

17 - Archéologie

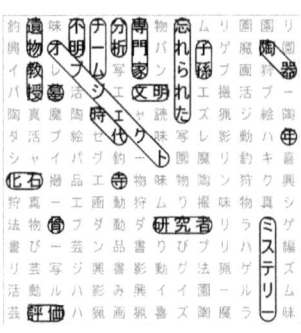

18 - Mammifères

19 - Chocolat

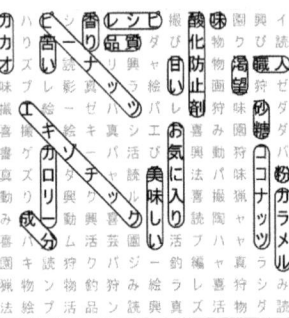

20 - Mathématiques

21 - Mythologie

22 - Restaurant #2

23 - Couleurs

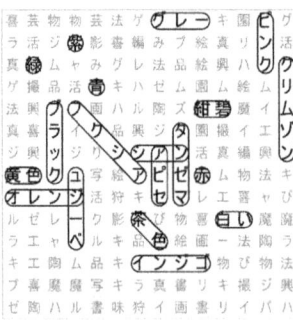

24 - Beauté

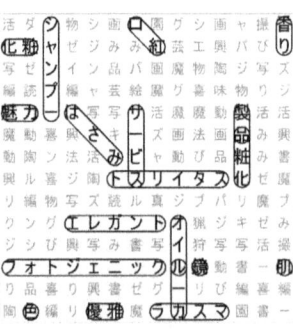

25 - Avions
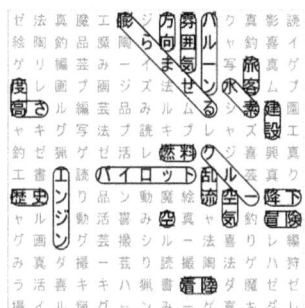

26 - Aventure

27 - Ville
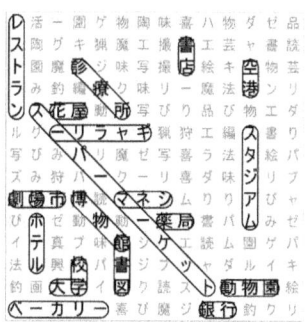

28 - Ingénierie
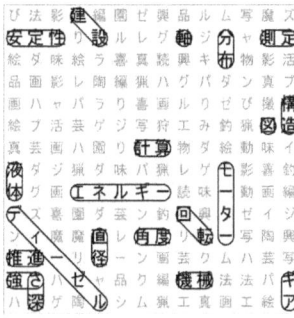

29 - Énergie

30 - Cuisine
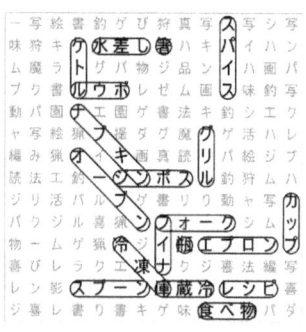

31 - Corps Humain

32 - Épices
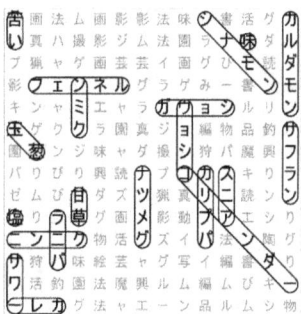

33 - Science

34 - Vêtements
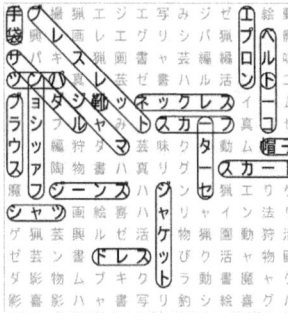

35 - Arts Visuels
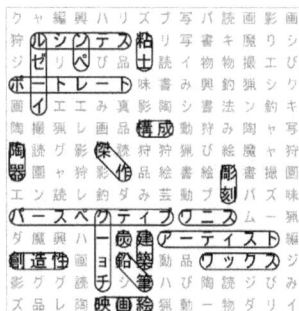

36 - Méditation

37 - Littérature

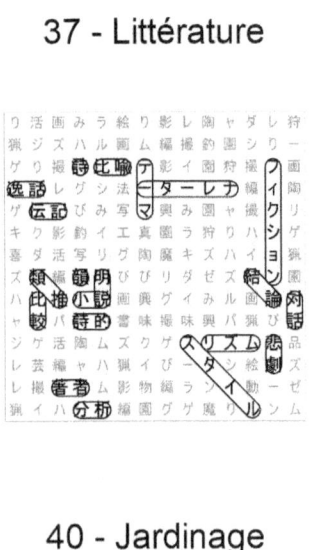

38 - Nourriture #1

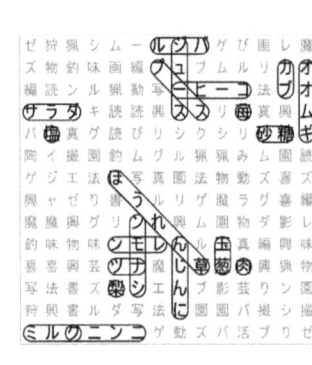

39 - Jours et Mois

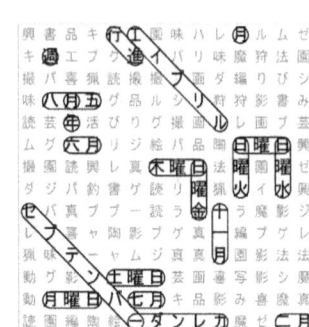

40 - Jardinage

41 - Entreprise

42 - Activités

43 - Mode

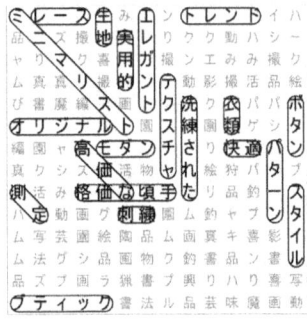

44 - Fleurs

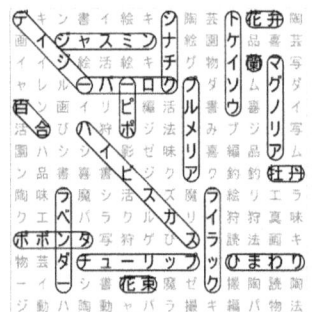

45 - Nourriture #2

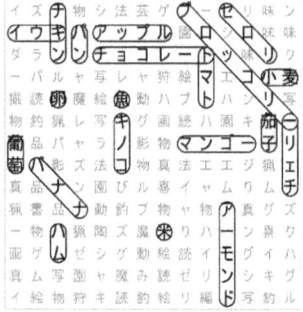

46 - Algèbre

47 - Océan

48 - Remplir

49 - Antiquités

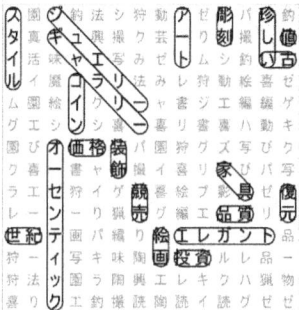

50 - Boxe

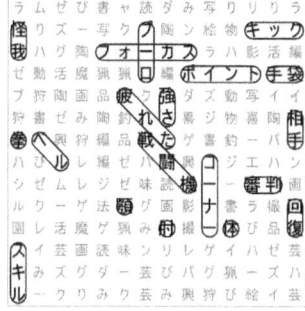

51 - Ballet

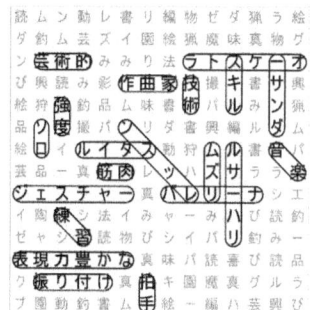

52 - Fruit

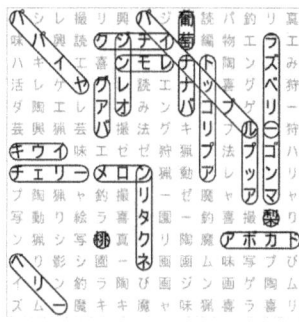

53 - Musique

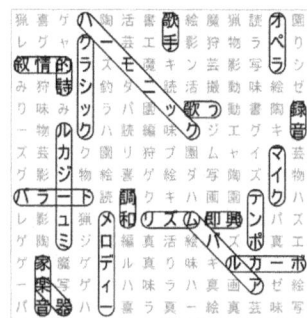

54 - Météo

55 - L'Entreprise

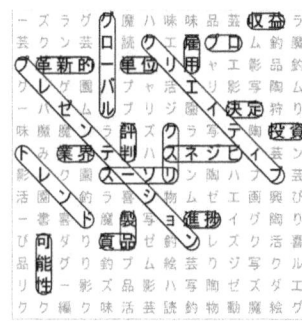

56 - Gouvernement

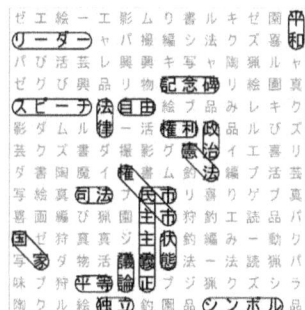

57 - Randonnée

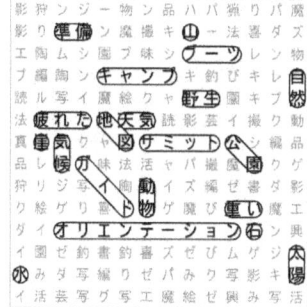

58 - Meubles

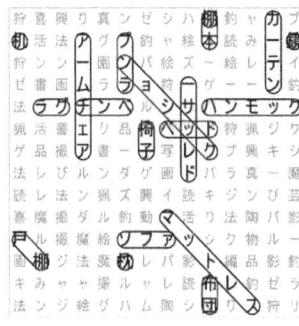

59 - Nutrition

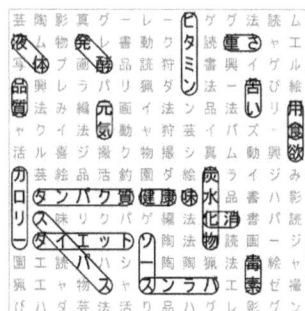

60 - Créativité

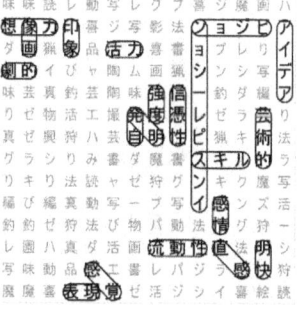

61 - Science Fiction

62 - Professions #1

63 - Géologie

64 - Jardin

65 - Santé et Bien Être #1

66 - Barbecues

67 - Animaux de Compagnie

68 - Forêt Tropicale

69 - Ferme #1

70 - Antarctique

71 - Professions #2

72 - Les Abeilles

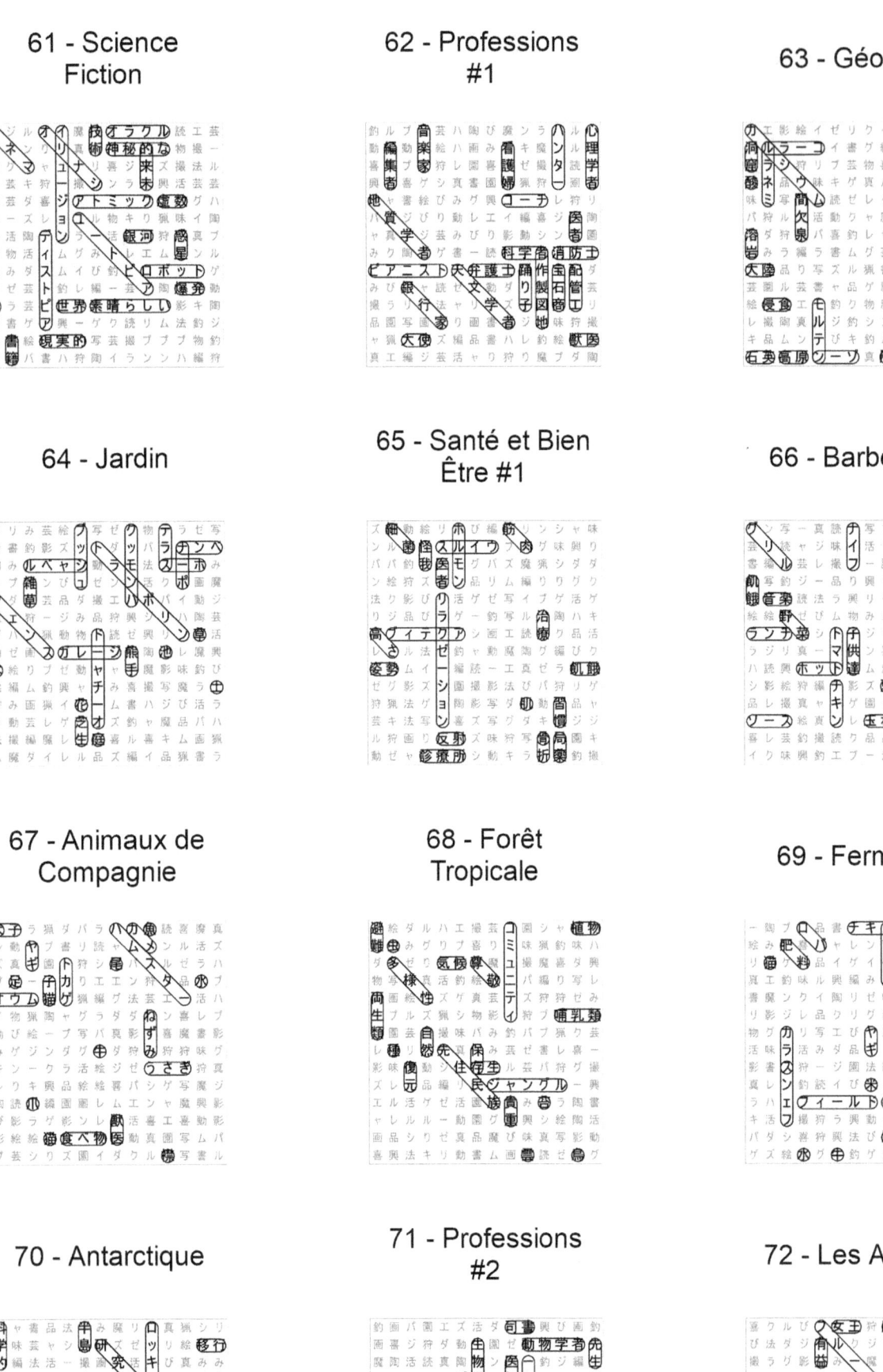

73 - Santé et Bien Être #2

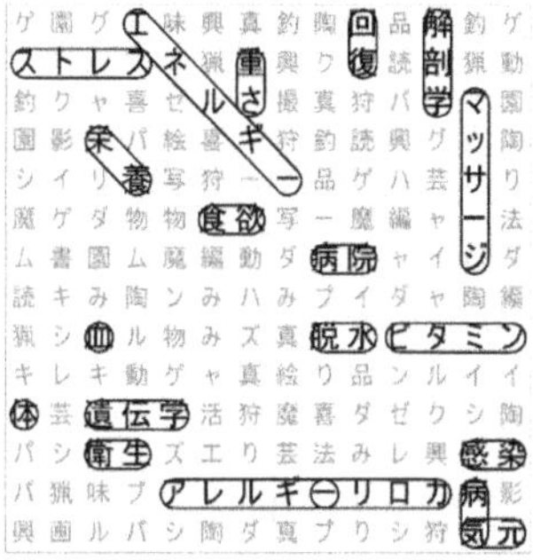

74 - Conduite

75 - Plantes

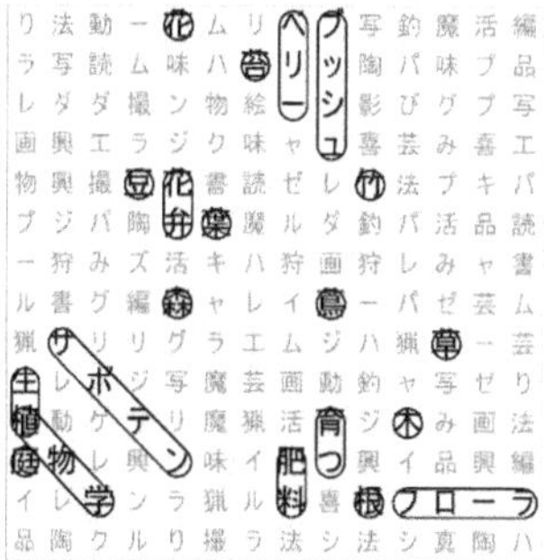

76 - Ferme #2

77 - Vacances #2

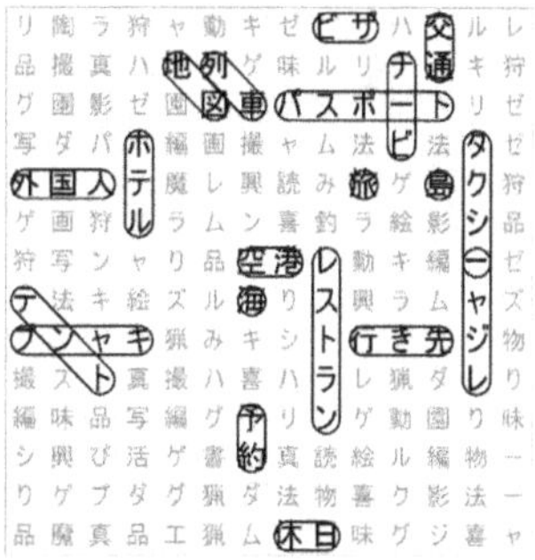

78 - Temps

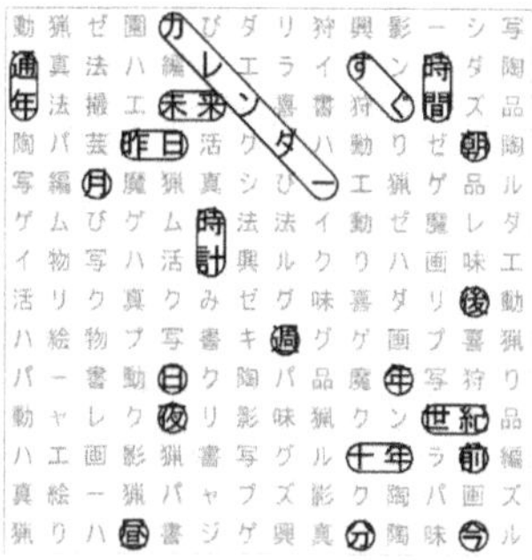

79 - Maison

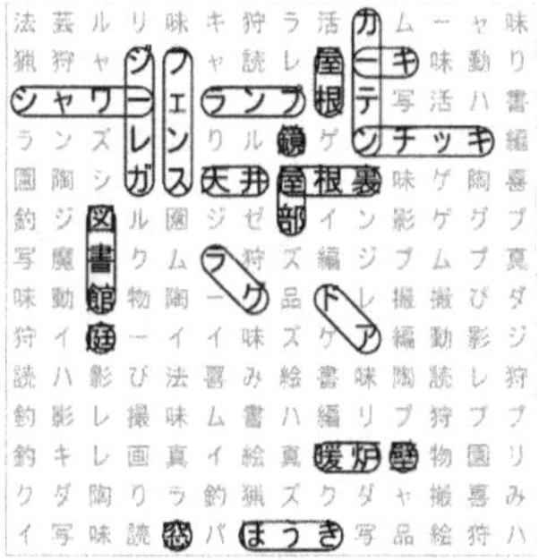

80 - Légumes

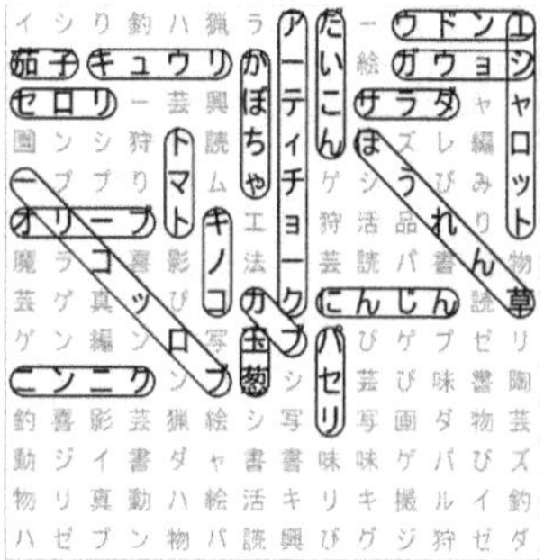

81 - Famille

82 - Oiseaux

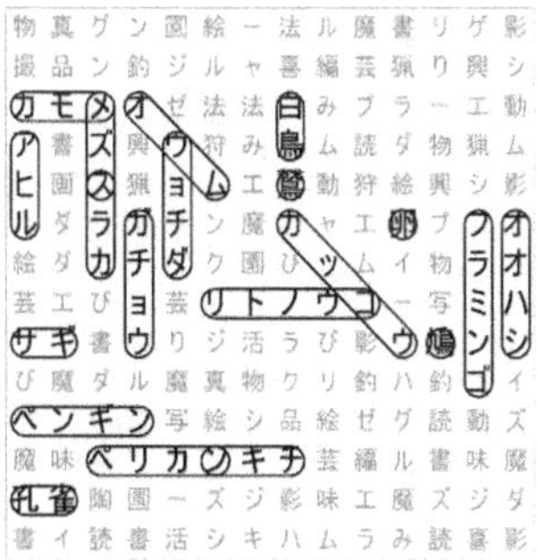

83 - Disciplines Scientifiques

84 - Univers

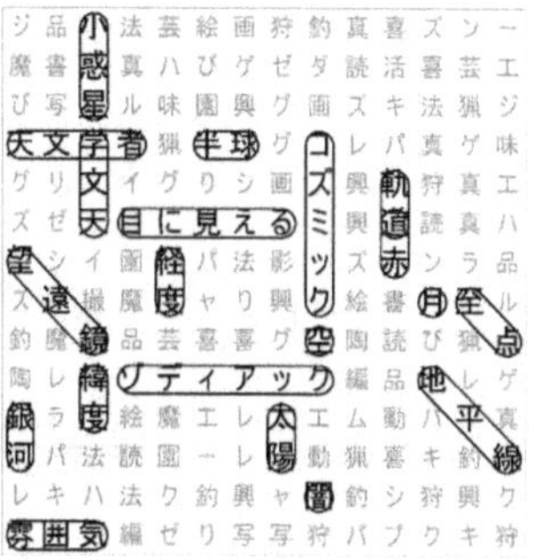

85 - Géographie

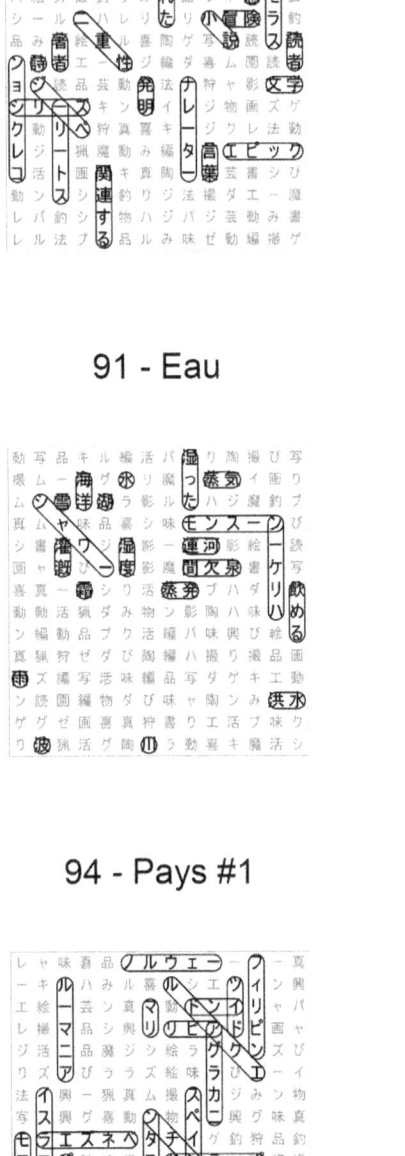

86 - Bâtiments

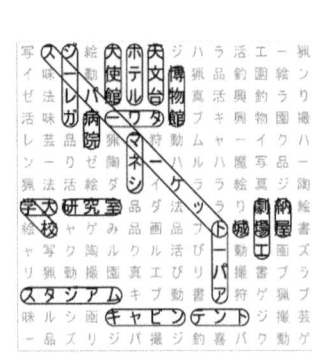

87 - Activités et Loisirs

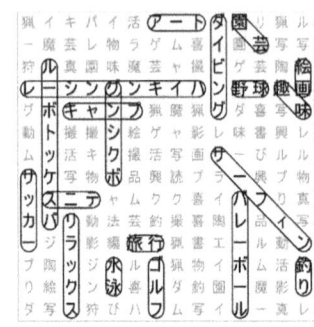

88 - Livres

89 - Pays #2

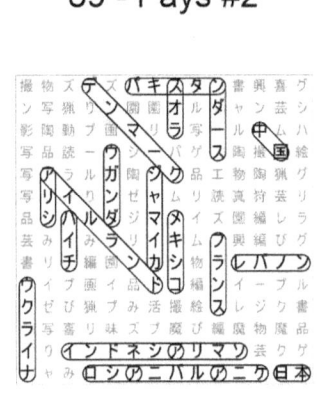

90 - Fournitures d'Art

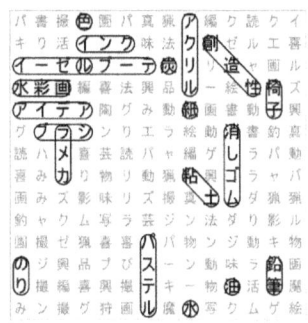

91 - Eau

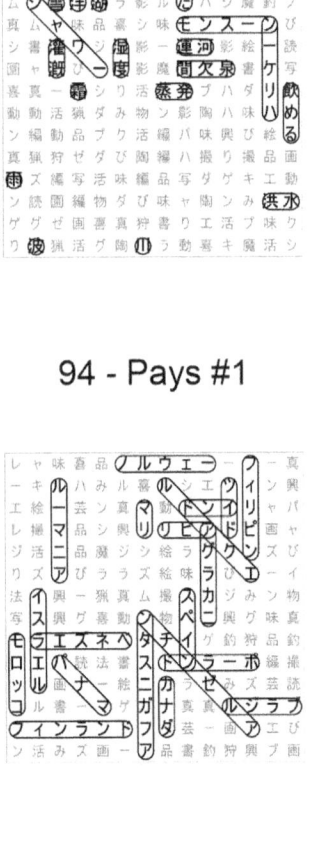

92 - Jazz

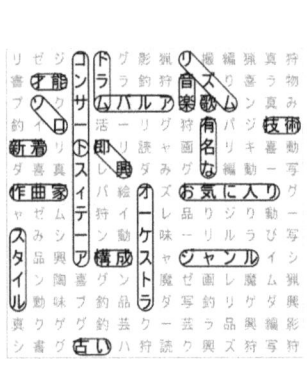

93 - Paysages

94 - Pays #1

95 - Nombres

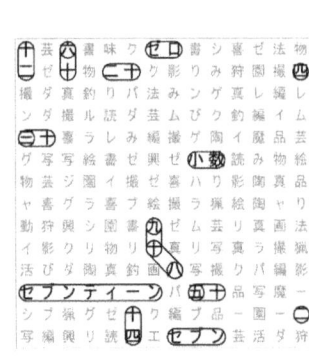

96 - Psychologie

97 - Nature

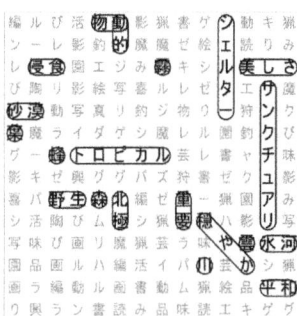

98 - Chimie

99 - Bateaux

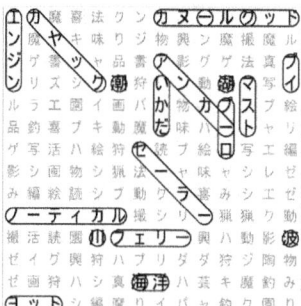

100 - Mesures

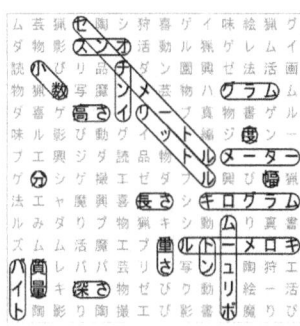

Dictionnaire

Activités
アクティビティ

Activité	活動
Art	アート
Artisanat	工芸品
Camping	キャンプ
Chasse	狩猟
Compétence	スキル
Couture	縫製
Danse	ダンシング
Intérêts	興味
Jardinage	園芸
Jeux	ゲーム
Lecture	読書
Loisir	レジャー
Magie	魔法
Peinture	絵画
Pêche	釣り
Photographie	写真撮影
Plaisir	喜び
Randonnée	ハイキング
Relaxation	リラクゼーション

Activités et Loisirs
アクティビティとレジャー

Art	アート
Base-Ball	野球
Basket-Ball	バスケットボール
Boxe	ボクシング
Camping	キャンプ
Course	レーシング
Football	サッカー
Golf	ゴルフ
Jardinage	園芸
Nager	水泳
Passe-Temps	趣味
Peinture	絵画
Pêche	釣り
Plongée	ダイビング
Randonnée	ハイキング
Relaxant	リラックス
Surf	サーフィン
Tennis	テニス
Volley-Ball	バレーボール
Voyage	旅行

Adjectifs #1
形容詞 #1

Absolu	絶対
Actif	アクティブ
Ambitieux	野心的
Aromatique	芳香族
Artistique	芸術的
Attractif	魅力的
Beau	綺麗な
Exotique	エキゾチック
Énorme	巨大な
Généreux	寛大な
Grand	大きい
Honnête	正直
Identique	同一
Important	重要
Jeune	若い
Lent	遅い
Lourd	重い
Mince	薄い
Moderne	モダン
Parfait	完全

Adjectifs #2
形容詞 #2

Authentique	オーセンティック
Célèbre	有名な
Créatif	クリエイティブ
Descriptif	説明
Doué	ギフテッド
Dramatique	劇的
Élégant	エレガント
Fier	誇り
Fort	強い
Intéressant	面白い
Naturel	ナチュラル
Nouveau	新着
Productif	生産的
Puissant	強力な
Pur	ピュア
Responsable	責任者
Sain	元気
Salé	塩辛い
Sauvage	野生
Sec	ドライ

Algèbre
代数学

Diagramme	図
Exposant	指数
Équation	方程式
Facteur	因子
Faux	偽
Formule	式
Fraction	分数
Graphique	グラフ
Infini	無限
Linéaire	線形
Matrice	マトリックス
Nombre	番号
Parenthèse	括弧
Problème	問題
Quantité	量
Simplifier	単純化
Solution	解決
Soustraction	減算
Variable	変数
Zéro	ゼロ

Animaux de Compagnie
ペット

Chat	猫
Chaton	子猫
Chèvre	ヤギ
Chien	犬
Chiot	子犬
Collier	襟
Eau	水
Griffes	爪
Hamster	ハムスター
Lapin	うさぎ
Lézard	トカゲ
Nourriture	食べ物
Pattes	足
Perroquet	オウム
Poisson	魚
Queue	尾
Souris	ねずみ
Tortue	カメ
Vache	牛
Vétérinaire	獣医

Antarctique
南極大陸

Baie	ベイ
Baleines	クジラ
Chercheur	研究者
Conservation	保全
Continent	大陸
Eau	水
Environnement	環境
Expédition	遠征
Géographie	地理
Glace	氷
Glaciers	氷河
Îles	島
Migration	移行
Minéraux	ミネラル
Oiseaux	鳥
Péninsule	半島
Rocheux	ロッキー
Scientifique	科学的
Température	温度
Topographie	地形

Antiquités
アンティーク

Art	アート
Authentique	オーセンティック
Bijoux	ジュエリー
Décoratif	装飾
Enchères	競売
Élégant	エレガント
Galerie	ギャラリー
Inhabituel	珍しい
Investissement	投資
Meubles	家具
Peintures	絵画
Pièces	コイン
Prix	価格
Qualité	品質
Restauration	復元
Sculpture	彫刻
Siècle	世紀
Style	スタイル
Valeur	値
Vieux	古い

Archéologie
考古学

Analyse	分析
Années	年
Chercheur	研究者
Civilisation	文明
Descendant	子孫
Expert	専門家
Ère	時代
Équipe	チーム
Évaluation	評価
Fossile	化石
Inconnu	不明
Mystère	ミステリー
Objets	オブジェクト
Os	骨
Oublié	忘れられた
Poterie	陶器
Professeur	教授
Relique	遺物
Temple	寺
Tombe	墓

Arts Visuels
ビジュアルアーツ

Architecture	建築
Argile	粘土
Artiste	アーティスト
Charbon	炭
Chef-D'Œuvre	傑作
Chevalet	イーゼル
Cire	ワックス
Composition	構成
Craie	チョーク
Crayon	鉛筆
Créativité	創造性
Film	映画
Peinture	絵画
Perspective	パースペクティブ
Pochoir	ステンシル
Portrait	ポートレート
Poterie	陶器
Sculpture	彫刻
Stylo	ペン
Vernis	ワニス

Astronomie
天文学

Astéroïde	小惑星
Astronaute	宇宙飛行士
Astronome	天文学者
Ciel	空
Constellation	星座
Éclipse	食
Équinoxe	春分
Fusée	ロケット
Galaxie	銀河
Lune	月
Météore	流星
Nébuleuse	星雲
Observatoire	天文台
Planète	惑星
Radiation	放射線
Satellite	衛星
Solaire	太陽
Supernova	超新星
Terre	地球
Univers	宇宙

Aventure
アドベンチャー

Activité	活動
Amis	友達
Beauté	美しさ
Bravoure	勇気
Chance	チャンス
Dangereux	危険な
Destination	行き先
Défis	課題
Difficulté	困難
Enthousiasme	熱意
Excursion	遠足
Inhabituel	珍しい
Itinéraire	旅程
Joie	喜び
Nature	自然
Navigation	ナビゲーション
Nouveau	新着
Opportunité	機会
Préparation	準備
Sécurité	安全性

Avions
飛行機

Air	空気
Altitude	高度
Atmosphère	雰囲気
Atterrissage	着陸
Aventure	冒険
Ballon	バルーン
Carburant	燃料
Ciel	空
Construction	建設
Descente	降下
Direction	方向
Équipage	クルー
Gonfler	膨らませる
Hauteur	高さ
Histoire	歴史
Hydrogène	水素
Moteur	エンジン
Passager	旅客
Pilote	パイロット
Turbulence	乱流

Ballet
バレエ

Applaudissement	拍手
Artistique	芸術的
Ballerine	バレリーナ
Chorégraphie	振り付け
Compétence	スキル
Compositeur	作曲家
Danseurs	ダンサー
Expressif	表現力豊かな
Geste	ジェスチャー
Intensité	強度
Leçons	レッスン
Muscles	筋肉
Musique	音楽
Orchestre	オーケストラ
Pratique	練習
Répétition	リハーサル
Rythme	リズム
Solo	ソロ
Style	スタイル
Technique	技術

Barbecues
バーベキュー

Chaud	ホット
Couteaux	ナイフ
Déjeuner	ランチ
Dîner	夕食
Enfants	子供達
Été	夏
Faim	飢餓
Famille	家族
Fruit	フルーツ
Gril	グリル
Jeux	ゲーム
Légumes	野菜
Musique	音楽
Oignons	玉ねぎ
Poivre	コショウ
Poulet	チキン
Salades	サラダ
Sauce	ソース
Sel	塩
Tomates	トマト

Bateaux
ボート

Ancre	アンカー
Bouée	ブイ
Canoë	カヌー
Corde	ロープ
Dock	ドック
Équipage	クルー
Ferry	フェリー
Fleuve	川
Kayak	カヤック
Lac	湖
Marée	潮
Marin	セーラー
Mât	マスト
Mer	海
Moteur	エンジン
Nautique	ノーティカル
Océan	海洋
Radeau	いかだ
Vagues	波
Yacht	ヨット

Bâtiments
建物

Ambassade	大使館
Appartement	アパート
Cabine	キャビン
Château	城
Cinéma	シネマ
École	学校
Garage	ガレージ
Grange	納屋
Hôpital	病院
Hôtel	ホテル
Laboratoire	研究室
Musée	博物館
Observatoire	天文台
Stade	スタジアム
Supermarché	スーパーマーケット
Tente	テント
Théâtre	劇場
Tour	タワー
Université	大学
Usine	工場

Beauté
ビューティー

Boucles	カール
Charme	魅力
Ciseaux	はさみ
Cosmétique	化粧品
Couleur	色
Élégance	優雅
Élégant	エレガント
Huiles	オイル
Maquillage	化粧
Mascara	マスカラ
Miroir	鏡
Parfum	香り
Peau	肌
Photogénique	フォトジェニック
Produits	製品
Rouge à Lèvres	口紅
Services	サービス
Shampooing	シャンプー
Styliste	スタイリスト

Boxe
ボクシング

Adversaire	相手
Arbitre	審判
Blessures	怪我
Cloche	ベル
Coin	コーナー
Combattant	戦闘機
Compétence	スキル
Concentrer	フォーカス
Cordes	ロープ
Corps	体
Coude	肘
Coup	キック
Épuisé	疲れた
Force	強さ
Gants	手袋
Menton	顎
Poing	拳
Points	ポイント
Récupération	回復

Camping
キャンプ

Animaux	動物
Arbres	木
Aventure	冒険
Boussole	コンパス
Cabine	キャビン
Canoë	カヌー
Carte	地図
Chapeau	帽子
Chasse	狩猟
Corde	ロープ
Feu	火
Forêt	森
Hamac	ハンモック
Insecte	昆虫
Lac	湖
Lanterne	ランタン
Lune	月
Montagne	山
Nature	自然
Tente	テント

Chimie
化学

Acide	酸
Alcalin	アルカリ性
Atomique	アトミック
Carbone	炭素
Catalyseur	触媒
Chaleur	熱
Chlore	塩素
Enzyme	酵素
Électron	電子
Gaz	ガス
Hydrogène	水素
Ion	イオン
Liquide	液体
Métaux	金属
Molécule	分子
Nucléaire	核
Oxygène	酸素
Poids	重さ
Sel	塩
Température	温度

Chocolat
チョコレート

Amer	苦い
Antioxydant	酸化防止剤
Arôme	香り
Artisanal	職人
Cacahuètes	ピーナッツ
Cacao	カカオ
Calories	カロリー
Caramel	カラメル
Délicieux	美味しい
Doux	甘い
Envie	渇望
Exotique	エキゾチック
Favori	お気に入り
Goût	味
Ingrédient	成分
Noix de Coco	ココナッツ
Poudre	粉
Qualité	品質
Recette	レシピ
Sucre	砂糖

Conduite
運転

Accident	事故
Camion	トラック
Carburant	燃料
Carte	地図
Danger	危険
Freins	ブレーキ
Garage	ガレージ
Gaz	ガス
Licence	ライセンス
Moteur	モーター
Moto	オートバイ
Piéton	歩行者
Police	警察
Route	道
Rue	ストリート
Sécurité	安全性
Trafic	交通
Tunnel	トンネル
Vitesse	速度
Voiture	車

Corps Humain
人体

Bouche	口
Cerveau	脳
Cheville	足首
Cou	首
Coude	肘
Cœur	心臓
Doigt	指
Estomac	胃
Épaule	肩
Genou	膝
Langue	舌
Lèvres	唇
Main	手
Menton	顎
Nez	鼻
Oreille	耳
Peau	肌
Sang	血
Tête	頭
Visage	顔

Couleurs
[色]

Azur	紺碧
Beige	ベージュ
Blanc	白い
Bleu	青
Cramoisi	クリムゾン
Cyan	シアン
Fuchsia	フクシア
Gris	グレー
Indigo	インジゴ
Jaune	黄色
Magenta	マゼンタ
Marron	茶色
Noir	ブラック
Orange	オレンジ
Rose	ピンク
Rouge	赤
Sépia	セピア
Vert	緑
Violet	紫

Créativité
創造性

Artistique	芸術的
Authenticité	信憑性
Clarté	明快
Compétence	スキル
Dramatique	劇的
Expression	表現
Émotions	感情
Fluidité	流動性
Idées	アイデア
Image	画像
Imagination	想像力
Impression	印象
Inspiration	インスピレーション
Intensité	強度
Intuition	直感
Inventif	発明
Sensation	感覚
Spontané	自発
Visions	ビジョン
Vitalité	活力

Cuisine
キッチン

Baguettes	箸
Bol	ボウル
Bouilloire	ケトル
Congélateur	冷凍庫
Couteaux	ナイフ
Cruche	水差し
Cuillères	スプーン
Épices	スパイス
Éponge	スポンジ
Four	オーブン
Fourchettes	フォーク
Gril	グリル
Nourriture	食べ物
Pot	瓶
Recette	レシピ
Réfrigérateur	冷蔵庫
Serviette	ナプキン
Tablier	エプロン
Tasses	カップ

Diplomatie
外交

Ambassade	大使館
Ambassadeur	大使
Citoyens	市民
Communauté	コミュニティ
Conflit	対立
Conseiller	顧問
Coopération	協力
Diplomatique	外交
Discussion	議論
Éthique	倫理
Étranger	外国人
Gouvernement	政府
Humanitaire	人道主義者
Intégrité	整合性
Justice	正義
Politique	政治
Résolution	解像度
Sécurité	安全
Solution	解決
Traité	条約

Disciplines Scientifiques
科学分野

Anatomie	解剖学
Archéologie	考古学
Astronomie	天文学
Biochimie	生化学
Biologie	生物学
Botanique	植物学
Chimie	化学
Écologie	生態学
Géologie	地質学
Immunologie	免疫学
Linguistique	言語学
Mécanique	力学
Météorologie	気象学
Minéralogie	鉱物学
Neurologie	神経学
Physiologie	生理
Psychologie	心理学
Sociologie	社会学
Thermodynamique	熱力学
Zoologie	動物学

Eau
水

Canal	運河
Douche	シャワー
Évaporation	蒸発
Fleuve	川
Gel	霜
Geyser	間欠泉
Glace	氷
Humide	湿った
Humidité	湿度
Inondation	洪水
Irrigation	灌漑
Lac	湖
Mousson	モンスーン
Neige	雪
Océan	海洋
Ouragan	ハリケーン
Pluie	雨
Potable	飲める
Vagues	波
Vapeur	蒸気

Entreprise
ビジネス

Argent	お金
Boutique	店
Budget	予算
Bureau	オフィス
Carrière	経歴
Coût	費用
Devise	通貨
Employeur	雇用者
Employé	従業員
Entreprise	会社
Économie	経済学
Finance	金融
Impôts	税金
Investissement	投資
Marchandise	商品
Profit	利益
Revenu	所得
Transaction	取引
Usine	工場
Vente	販売

Échecs
チェス

Adversaire	相手
Apprendre	学ぶために
Blanc	白い
Champion	チャンピオン
Concours	コンテスト
Défis	課題
Diagonal	対角
Intelligent	賢い
Jeu	ゲーム
Joueur	プレーヤー
Noir	ブラック
Passif	パッシブ
Points	ポイント
Reine	女王
Règles	ルール
Roi	キング
Sacrifice	犠牲
Stratégie	戦略
Temps	時間
Tournoi	トーナメント

Écologie
エコロジー

Bénévoles	ボランティア
Climat	気候
Communautés	コミュニティ
Diversité	多様性
Durable	持続可能
Espèce	種
Faune	動物相
Flore	フローラ
Global	グローバル
Habitat	生息地
Marais	マーシュ
Marin	マリン
Montagnes	山
Nature	自然
Naturel	ナチュラル
Plantes	植物
Ressources	リソース
Sécheresse	旱魃
Survie	生存
Végétation	植生

Électricité
電気

Aimant	磁石
Ampoule	電球
Batterie	電池
Câble	ケーブル
Électricien	電気技師
Électrique	電気
Fils	ワイヤ
Générateur	発生器
Lampe	ランプ
Laser	レーザー
Négatif	負
Objets	オブジェクト
Positif	正
Prise	ソケット
Quantité	量
Réseau	通信網
Stockage	ストレージ
Téléphone	電話
Télévision	テレビ

Énergie
エネルギー

Batterie	電池
Carbone	炭素
Carburant	燃料
Chaleur	熱
Diesel	ディーゼル
Entropie	エントロピー
Environnement	環境
Essence	ガソリン
Électrique	電気
Électron	電子
Hydrogène	水素
Industrie	業界
Moteur	モーター
Nucléaire	核
Photon	光子
Pollution	汚染
Renouvelable	再生可能
Soleil	太陽
Turbine	タービン
Vent	風

Épices
スパイス

Aigre	サワー
Ail	ニンニク
Amer	苦い
Anis	アニス
Cannelle	シナモン
Cardamome	カルダモン
Coriandre	コリアンダー
Cumin	クミン
Curry	カレー
Fenouil	フェンネル
Gingembre	ショウガ
Muscade	ナツメグ
Oignon	玉葱
Paprika	パプリカ
Poivre	コショウ
Réglisse	甘草
Safran	サフラン
Saveur	味
Sel	塩
Vanille	バニラ

Famille
ファミリー

Ancêtre	祖先
Cousin	いとこ
Enfance	子供の頃
Enfant	子供
Enfants	子供達
Femme	妻
Fille	娘
Frère	兄弟
Grand-Mère	おばあちゃん
Grand-Père	祖父
Mari	夫
Maternel	母性
Mère	母
Neveu	甥
Nièce	姪
Oncle	叔父
Paternel	父方の
Père	父
Soeur	姉妹
Tante	叔母

Ferme #1
ファーム #1

Abeille	蜂
Agriculture	農業
Âne	ロバ
Bison	バイソン
Champ	フィールド
Chat	猫
Cheval	馬
Chèvre	ヤギ
Chien	犬
Clôture	フェンス
Corbeau	カラス
Eau	水
Engrais	肥料
Foin	ヘイ
Miel	蜂蜜
Poulet	チキン
Riz	米
Troupeau	群れ
Vache	牛
Veau	ふくらはぎ

Ferme #2
ファーム #2

Agneau	子羊
Agriculteur	農家
Animaux	動物
Berger	羊飼い
Blé	小麦
Canard	アヒル
Fruit	フルーツ
Grange	納屋
Irrigation	灌漑
Lait	ミルク
Lama	ラマ
Légume	野菜
Maïs	コーン
Mouton	羊
Nourriture	食べ物
Orge	オオムギ
Pré	牧草地
Ruche	蜂の巣
Tracteur	トラクター
Verger	オーチャード

Fleurs
花々

Bouquet	花束
Gardénia	クチナシ
Hibiscus	ハイビスカス
Jasmin	ジャスミン
Lavande	ラベンダー
Lilas	ライラック
Lys	百合
Magnolia	マグノリア
Marguerite	デイジー
Orchidée	蘭
Passiflore	トケイソウ
Pavot	ポピー
Pétale	花弁
Pissenlit	タンポポ
Pivoine	牡丹
Plumeria	プルメリア
Tournesol	ひまわり
Trèfle	クローバー
Tulipe	チューリップ

Force et Gravité
力と重力

Axe	軸
Centre	センター
Découverte	発見
Distance	距離
Dynamique	動的
Expansion	拡張
Friction	摩擦
Impact	影響
Magnétisme	磁気
Mécanique	力学
Mouvement	モーション
Orbite	軌道
Physique	物理学
Planètes	惑星
Poids	重さ
Pression	圧力
Propriétés	プロパティ
Temps	時間
Universel	ユニバーサル
Vitesse	速度

Forêt Tropicale
レインフォレスト

Amphibiens	両生類
Botanique	植物
Climat	気候
Communauté	コミュニティ
Diversité	多様性
Espèce	種
Indigène	先住民族
Insectes	虫
Jungle	ジャングル
Mammifères	哺乳類
Mousse	苔
Nature	自然
Nuage	雲
Oiseaux	鳥
Précieux	貴重
Préservation	保存
Refuge	避難
Respect	尊敬
Restauration	復元
Survie	生存

Fournitures d'Art
アートサプライ

Acrylique	アクリル
Aquarelles	水彩画
Argile	粘土
Brosses	ブラシ
Caméra	カメラ
Chaise	椅子
Charbon	炭
Chevalet	イーゼル
Colle	のり
Couleurs	色
Crayons	鉛筆
Créativité	創造性
Eau	水
Encre	インク
Gomme	消しゴム
Huile	油
Idées	アイデア
Papier	紙
Pastels	パステル
Table	テーブル

Fruit
フルーツ

Abricot	アプリコット
Ananas	パイナップル
Avocat	アボカド
Baie	ベリー
Banane	バナナ
Cerise	チェリー
Citron	レモン
Figue	イチジク
Framboise	ラズベリー
Goyave	グアバ
Kiwi	キウイ
Mangue	マンゴー
Melon	メロン
Nectarine	ネクタリン
Orange	オレンジ
Papaye	パパイヤ
Pêche	桃
Poire	梨
Pomme	アップル
Raisin	葡萄

Géographie
地理学

Altitude	高度
Atlas	アトラス
Carte	地図
Continent	大陸
Fleuve	川
Hémisphère	半球
Île	島
Latitude	緯度
Mer	海
Méridien	子午線
Monde	世界
Montagne	山
Nord	北
Océan	海洋
Ouest	西
Pays	国
Région	領域
Sud	南
Territoire	地域
Ville	市

Géologie
地質学

Acide	酸
Calcium	カルシウム
Caverne	洞窟
Continent	大陸
Corail	コーラル
Couche	層
Cristaux	結晶
Érosion	侵食
Fondu	モルテン
Fossile	化石
Geyser	間欠泉
Lave	溶岩
Minéraux	ミネラル
Pierre	石
Plateau	高原
Quartz	石英
Sel	塩
Stalactite	鍾乳石
Volcan	火山
Zone	ゾーン

Géométrie
ジオメトリ

Angle	角度
Calcul	計算
Cercle	円
Courbe	曲線
Diamètre	直径
Dimension	次元
Équation	方程式
Hauteur	高さ
Logique	論理
Masse	質量
Médian	中央値
Nombre	番号
Parallèle	平行
Proportion	割合
Segment	セグメント
Surface	表面
Symétrie	対称
Théorie	理論
Triangle	三角形
Vertical	垂直

Gouvernement
政府

Citoyenneté	市民権
Civil	市民
Constitution	憲法
Démocratie	民主主義
Discours	スピーチ
Discussion	議論
Droits	権利
Égalité	平等
État	状態
Indépendance	独立
Judiciaire	司法
Justice	正義
Leader	リーダー
Liberté	自由
Loi	法律
Monument	記念碑
Nation	国家
Paisible	平和
Politique	政治
Symbole	シンボル

Herboristerie
本草学

Ail	ニンニク
Aromatique	芳香族
Basilic	バジル
Bénéfique	有益
Culinaire	料理
Estragon	タラゴン
Fenouil	フェンネル
Fleur	花
Ingrédient	成分
Jardin	庭
Lavande	ラベンダー
Marjolaine	マージョラム
Menthe	ミント
Persil	パセリ
Qualité	品質
Romarin	ローズマリー
Safran	サフラン
Saveur	味
Thym	タイム
Vert	緑

Ingénierie
エンジニアリング

Angle	角度
Axe	軸
Calcul	計算
Construction	建設
Diagramme	図
Diamètre	直径
Diesel	ディーゼル
Distribution	分布
Engrenages	ギア
Énergie	エネルギー
Force	強さ
Liquide	液体
Machine	機械
Mesure	測定
Moteur	モーター
Profondeur	深さ
Propulsion	推進
Rotation	回転
Stabilité	安定性
Structure	構造

Instruments de Musique
楽器

Banjo	バンジョー
Basson	ファゴット
Clarinette	クラリネット
Flûte	フルート
Gong	ゴング
Guitare	ギター
Harmonica	ハーモニカ
Harpe	ハープ
Hautbois	オーボエ
Mandoline	マンドリン
Marimba	マリンバ
Percussion	パーカッション
Piano	ピアノ
Saxophone	サックス
Tambour	ドラム
Tambourin	タンバリン
Trombone	トロンボーン
Trompette	トランペット
Violon	バイオリン
Violoncelle	チェロ

Jardin
ガーデン

Arbre	木
Banc	ベンチ
Buisson	ブッシュ
Clôture	フェンス
Étang	池
Fleur	花
Garage	ガレージ
Hamac	ハンモック
Herbe	草
Jardin	庭
Mauvaises Herbes	雑草
Pelle	シャベル
Pelouse	芝生
Porche	ポーチ
Râteau	熊手
Sol	土
Terrasse	テラス
Trampoline	トランポリン
Tuyau	ホース
Verger	オーチャード

Jardinage
ガーデニング

Botanique	植物
Bouquet	花束
Climat	気候
Comestible	食用
Compost	堆肥
Eau	水
Espèce	種
Exotique	エキゾチック
Feuillage	葉
Fleur	花
Floral	フローラル
Graines	種子
Humidité	水分
Récipient	容器
Saisonnier	季節
Saleté	泥
Sol	土
Tuyau	ホース
Verger	オーチャード

Jazz
ジャズ

Album	アルバム
Artiste	アーティスト
Célèbre	有名な
Chanson	歌
Compositeur	作曲家
Composition	構成
Concert	コンサート
Favoris	お気に入り
Genre	ジャンル
Improvisation	即興
Musique	音楽
Nouveau	新着
Orchestre	オーケストラ
Rythme	リズム
Solo	ソロ
Style	スタイル
Talent	才能
Tambours	ドラム
Technique	技術
Vieux	古い

Jours et Mois
日と月

Année	年
Août	八月
Avril	エイプリル
Calendrier	カレンダー
Dimanche	日曜日
Février	二月
Jeudi	木曜日
Juillet	七月
Juin	六月
Lundi	月曜日
Mai	五月
Mardi	火曜日
Mars	行進
Mercredi	水曜日
Mois	月
Novembre	十一月
Samedi	土曜日
Semaine	週
Septembre	セプテンバー
Vendredi	金曜日

L'Entreprise
ザ・カンパニー

Affaires	ビジネス
Créatif	クリエイティブ
Décision	決定
Emploi	雇用
Global	グローバル
Industrie	業界
Innovant	革新的
Investissement	投資
Possibilité	可能性
Présentation	プレゼンテーション
Produit	製品
Professionnel	プロ
Progrès	進捗
Qualité	品質
Ressources	リソース
Revenu	収益
Réputation	評判
Risques	リスク
Tendances	トレンド
Unités	単位

Les Abeilles
ミツバチ

Ailes	翼
Bénéfique	有益
Cire	ワックス
Diversité	多様性
Essaim	群れ
Écosystème	生態系
Fleurs	花
Fruit	フルーツ
Fumée	煙
Habitat	生息地
Insecte	昆虫
Jardin	庭
Miel	蜂蜜
Nourriture	食べ物
Plantes	植物
Pollen	花粉
Pollinisateur	花粉媒介者
Reine	女王
Ruche	巣箱
Soleil	太陽

Les Médias
メディア

Attitudes	態度
Commercial	商業
Communication	通信
En Ligne	オンライン
Édition	版
Éducation	教育
Faits	事実
Images	画像
Individuel	個人
Industrie	業界
Intellectuel	知的
Journaux	新聞
Local	ローカル
Numérique	デジタル
Opinion	意見
Photos	写真
Public	公共
Radio	ラジオ
Réseau	通信網
Télévision	テレビ

Légumes
野菜

Ail	ニンニク
Artichaut	アーティチョーク
Aubergine	茄子
Brocoli	ブロッコリー
Carotte	にんじん
Céleri	セロリ
Champignon	キノコ
Citrouille	かぼちゃ
Concombre	キュウリ
Échalote	エシャロット
Épinard	ほうれん草
Gingembre	ショウガ
Navet	カブ
Oignon	玉葱
Olive	オリーブ
Persil	パセリ
Pois	エンドウ
Radis	だいこん
Salade	サラダ
Tomate	トマト

Littérature
文学

Analogie	類推
Analyse	分析
Anecdote	逸話
Auteur	著者
Biographie	伝記
Comparaison	比較
Conclusion	結論
Description	説明
Dialogue	対話
Fiction	フィクション
Métaphore	比喩
Narrateur	ナレーター
Poème	詩
Poétique	詩的
Rime	韻
Roman	小説
Rythme	リズム
Style	スタイル
Thème	テーマ
Tragédie	悲劇

Livres
書籍

Auteur	著者
Aventure	冒険
Collection	コレクション
Dualité	二重性
Écrit	書かれた
Épique	エピック
Histoire	ストーリー
Historique	歴史的
Humoristique	ユーモラス
Inventif	発明
Lecteur	読者
Littéraire	文学
Mots	言葉
Narrateur	ナレーター
Page	ページ
Pertinent	関連する
Poésie	詩
Roman	小説
Série	シリーズ
Tragique	悲劇的

Maison
ハウス

Balai	ほうき
Bibliothèque	図書館
Chambre	部屋
Cheminée	暖炉
Clés	キー
Clôture	フェンス
Cuisine	キッチン
Douche	シャワー
Fenêtre	窓
Garage	ガレージ
Grenier	屋根裏
Jardin	庭
Lampe	ランプ
Miroir	鏡
Mur	壁
Plafond	天井
Porte	ドア
Rideaux	カーテン
Tapis	ラグ
Toit	屋根

Mammifères
哺乳類

Baleine	鯨
Chat	猫
Cheval	馬
Chien	犬
Coyote	コヨーテ
Dauphin	イルカ
Éléphant	象
Girafe	キリン
Gorille	ゴリラ
Kangourou	カンガルー
Lapin	うさぎ
Lion	ライオン
Loup	狼
Mouton	羊
Ours	熊
Renard	狐
Singe	猿
Taureau	ブル
Tigre	虎
Zèbre	シマウマ

Mathématiques
数学

Angles	角度
Arithmétique	算術
Circonférence	円周
Décimal	小数
Diamètre	直径
Exposant	指数
Équation	方程式
Fraction	分数
Géométrie	幾何学
Parallèle	平行
Parallélogramme	平行四辺形
Perpendiculaire	垂直
Périmètre	周囲
Polygone	多角形
Rayon	半径
Rectangle	矩形
Somme	和
Symétrie	対称
Triangle	三角形
Volume	ボリューム

Mesures
測定値

Centimètre	センチメートル
Degré	度
Décimal	小数
Gramme	グラム
Hauteur	高さ
Kilogramme	キログラム
Kilomètre	キロメートル
Largeur	幅
Litre	リットル
Longueur	長さ
Masse	質量
Mètre	メーター
Minute	分
Octet	バイト
Once	オンス
Poids	重さ
Pouce	インチ
Profondeur	深さ
Tonne	トン
Volume	ボリューム

Meubles
家具

Armoire	戸棚
Banc	ベンチ
Bibliothèque	本棚
Bureau	机
Canapé	ソファ
Chaise	椅子
Commode	ドレッサー
Coussins	クッション
Étagères	棚
Fauteuil	アームチェア
Futon	布団
Hamac	ハンモック
Lampe	ランプ
Lit	ベッド
Matelas	マットレス
Miroir	鏡
Oreiller	枕
Rideaux	カーテン
Tapis	ラグ

Méditation
瞑想

Acceptation	受け入れ
Attention	注意
Clarté	明快
Compassion	思いやり
Esprit	マインド
Émotions	感情
Gentillesse	親切
Gratitude	感謝
Habitudes	習慣
Mental	メンタル
Mouvement	動き
Musique	音楽
Nature	自然
Observation	観察
Paix	平和
Pensées	思考
Perspective	パースペクティブ
Posture	姿勢
Respiration	呼吸
Silence	沈黙

Météo
天気

Arc-En-Ciel	虹
Atmosphère	雰囲気
Brise	そよ風
Brouillard	霧
Ciel	空
Climat	気候
Glace	氷
Inondation	洪水
Mousson	モンスーン
Nuage	雲
Ouragan	ハリケーン
Polaire	極性
Sec	ドライ
Sécheresse	旱魃
Température	温度
Tempête	嵐
Tonnerre	雷
Tornade	竜巻
Tropical	トロピカル
Vent	風

Mode
ファッション

Abordable	手頃な価格
Boutique	ブティック
Boutons	ボタン
Broderie	刺繍
Cher	高価な
Confortable	快適
Dentelle	レース
Élégant	エレガント
Mesures	測定
Minimaliste	ミニマリスト
Moderne	モダン
Modèle	パターン
Original	オリジナル
Pratique	実用的
Sophistiqué	洗練された
Style	スタイル
Tendance	トレンド
Texture	テクスチャ
Tissu	生地
Vêtements	衣類

Musique
音楽

Album	アルバム
Ballade	バラード
Chanter	歌う
Chanteur	歌手
Classique	クラシック
Enregistrement	録音
Harmonie	調和
Harmonique	ハーモニック
Improviser	即興
Instrument	楽器
Lyrique	叙情的
Mélodie	メロディー
Microphone	マイク
Musical	ミュージカル
Musicien	音楽家
Opéra	オペラ
Poétique	詩的
Rythme	リズム
Tempo	テンポ
Vocal	ボーカル

Mythologie
神話

Archétype	原型
Catastrophe	災害
Comportement	行動
Création	作成
Créature	生き物
Croyances	信念
Culture	文化
Éclair	稲妻
Force	強さ
Guerrier	戦士
Héros	ヒーロー
Immortalité	不死
Jalousie	嫉妬
Labyrinthe	ラビリンス
Légende	伝説
Magique	魔法の
Monstre	モンスター
Mortel	モータル
Tonnerre	雷
Vengeance	復讐

Nature
自然

Abeilles	蜂
Abri	シェルター
Animaux	動物
Arctique	北極
Beauté	美しさ
Brouillard	霧
Désert	砂漠
Dynamique	動的
Érosion	侵食
Feuillage	葉
Fleuve	川
Forêt	森
Glacier	氷河
Nuage	雲
Paisible	平和
Sanctuaire	サンクチュアリ
Sauvage	野生
Serein	穏やか
Tropical	トロピカル
Vital	重要

Nombres
数字

Cinq	五
Deux	二
Décimal	小数
Dix	十
Dix-Huit	十八
Dix-Neuf	十九
Dix-Sept	セブンティーン
Douze	十二
Huit	八
Neuf	九
Quatorze	十四
Quatre	四
Quinze	十五
Seize	十六
Sept	セブン
Six	六
Treize	十三
Trois	三
Vingt	二十
Zéro	ゼロ

Nourriture #1
食べ物 #1

Ail	ニンニク
Basilic	バジル
Café	コーヒー
Cannelle	シナモン
Carotte	にんじん
Citron	レモン
Épinard	ほうれん草
Fraise	苺
Jus	ジュース
Lait	ミルク
Navet	カブ
Oignon	玉葱
Orge	オオムギ
Poire	梨
Salade	サラダ
Sel	塩
Soupe	スープ
Sucre	砂糖
Thon	ツナ
Viande	肉

Nourriture #2
食べ物 #2

Amande	アーモンド
Aubergine	茄子
Banane	バナナ
Blé	小麦
Brocoli	ブロッコリー
Cerise	チェリー
Céleri	セロリ
Champignon	キノコ
Chocolat	チョコレート
Jambon	ハム
Kiwi	キウイ
Mangue	マンゴー
Oeuf	卵
Pain	パン
Poisson	魚
Pomme	アップル
Poulet	チキン
Raisin	葡萄
Riz	米
Tomate	トマト

Nutrition
栄養

Amer	苦い
Appétit	食欲
Calories	カロリー
Comestible	食用
Diète	ダイエット
Digestion	消化
Épices	スパイス
Équilibré	バランス
Fermentation	発酵
Glucides	炭水化物
Liquides	液体
Poids	重さ
Protéines	タンパク質
Qualité	品質
Sain	元気
Santé	健康
Sauce	ソース
Saveur	味
Toxine	毒素
Vitamine	ビタミン

Océan
海洋

Algue	海藻
Anguille	うなぎ
Baleine	鯨
Bateau	ボート
Corail	コーラル
Crabe	カニ
Crevette	エビ
Dauphin	イルカ
Éponge	スポンジ
Huître	カキ
Méduse	クラゲ
Poisson	魚
Poulpe	たこ
Requin	鮫
Récif	リーフ
Sel	塩
Tempête	嵐
Thon	ツナ
Tortue	カメ
Vagues	波

Oiseaux
鳥類

Aigle	鷲
Autruche	ダチョウ
Canard	アヒル
Cigogne	コウノトリ
Colombe	鳩
Corbeau	カラス
Coucou	カッコウ
Cygne	白鳥
Flamant	フラミンゴ
Héron	サギ
Manchot	ペンギン
Moineau	スズメ
Mouette	カモメ
Oeuf	卵
Oie	ガチョウ
Paon	孔雀
Perroquet	オウム
Pélican	ペリカン
Poulet	チキン
Toucan	オオハシ

Pays #1
国 #1

Afghanistan	アフガニスタン
Allemagne	ドイツ
Argentine	アルゼンチン
Brésil	ブラジル
Canada	カナダ
Espagne	スペイン
Équateur	エクアドル
Finlande	フィンランド
Inde	インド
Israël	イスラエル
Libye	リビア
Mali	マリ
Maroc	モロッコ
Nicaragua	ニカラグア
Norvège	ノルウェー
Panama	パナマ
Philippines	フィリピン
Pologne	ポーランド
Roumanie	ルーマニア
Venezuela	ベネズエラ

Pays #2
国 #2

Albanie	アルバニア
Chine	中国
Danemark	デンマーク
France	フランス
Haïti	ハイチ
Indonésie	インドネシア
Irlande	アイルランド
Jamaïque	ジャマイカ
Japon	日本
Kenya	ケニア
Laos	ラオス
Liban	レバノン
Mexique	メキシコ
Ouganda	ウガンダ
Pakistan	パキスタン
Russie	ロシア
Somalie	ソマリア
Soudan	スーダン
Syrie	シリア
Ukraine	ウクライナ

Paysages
風景

Cascade	滝
Colline	丘
Désert	砂漠
Estuaire	河口
Fleuve	川
Geyser	間欠泉
Glacier	氷河
Grotte	洞窟
Iceberg	氷山
Île	島
Lac	湖
Marais	沼
Mer	海
Montagne	山
Oasis	オアシス
Péninsule	半島
Plage	ビーチ
Toundra	ツンドラ
Vallée	谷
Volcan	火山

Physique
物理学

Accélération	加速
Atome	原子
Chaos	混沌
Chimique	化学薬品
Densité	密度
Électron	電子
Formule	式
Fréquence	周波数
Gaz	ガス
Gravité	重力
Magnétisme	磁気
Masse	質量
Mécanique	力学
Molécule	分子
Moteur	エンジン
Nucléaire	核
Particule	粒子
Relativité	相対性理論
Universel	ユニバーサル
Vitesse	速度

Plantes
植物

Arbre	木
Baie	ベリー
Bambou	竹
Botanique	植物学
Buisson	ブッシュ
Cactus	サボテン
Engrais	肥料
Feuillage	葉
Fleur	花
Flore	フローラ
Forêt	森
Grandir	育つ
Haricot	豆
Herbe	草
Jardin	庭
Lierre	蔦
Mousse	苔
Pétale	花弁
Racine	根
Végétation	植生

Professions #1
職業 #1

Ambassadeur	大使
Astronome	天文学者
Avocat	弁護士
Banquier	銀行家
Bijoutier	宝石商
Cartographe	地図製作者
Chasseur	ハンター
Danseur	踊り子
Entraîneur	コーチ
Éditeur	編集者
Géologue	地質学者
Infirmière	看護婦
Médecin	医者
Musicien	音楽家
Pianiste	ピアニスト
Plombier	配管工
Pompier	消防士
Psychologue	心理学者
Scientifique	科学者
Vétérinaire	獣医

Professions #2
職業 #2

Astronaute	宇宙飛行士
Bibliothécaire	司書
Biologiste	生物学者
Chercheur	研究者
Chirurgien	外科医
Dentiste	歯医者
Détective	探偵
Enseignant	先生
Illustrateur	イラストレーター
Ingénieur	エンジニア
Inventeur	発明者
Jardinier	庭師
Journaliste	ジャーナリスト
Linguiste	言語学者
Médecin	医師
Peintre	画家
Philosophe	哲学者
Photographe	写真家
Pilote	パイロット
Zoologiste	動物学者

Psychologie
心理学

Clinique	臨床
Cognition	認知
Comportement	行動
Conflit	対立
Ego	自我
Enfance	子供の頃
Expériences	経験
Émotions	感情
Évaluation	評価
Idées	アイデア
Inconscient	無意識
Influences	影響
Pensées	思考
Perception	知覚
Problème	問題
Réalité	現実
Rêves	夢
Sensation	感覚
Thérapie	治療

Randonnée
ハイキング

Animaux	動物
Bottes	ブーツ
Camping	キャンプ
Carte	地図
Climat	気候
Eau	水
Falaise	崖
Fatigué	疲れた
Guides	ガイド
Lourd	重い
Météo	天気
Montagne	山
Nature	自然
Orientation	オリエンテーション
Parcs	公園
Pierres	石
Préparation	準備
Sauvage	野生
Soleil	太陽
Sommet	サミット

Remplir
塗りつぶすには

Baignoire	浴槽
Baril	バレル
Boîte	箱
Bouteille	ボトル
Caisse	クレート
Carton	カートン
Dossier	フォルダ
Enveloppe	封筒
Navire	容器
Panier	バスケット
Paquet	パケット
Plateau	トレイ
Poche	ポケット
Pot	瓶
Sac	バッグ
Seau	バケツ
Tiroir	引き出し
Tube	チューブ
Valise	スーツケース
Vase	花瓶

Restaurant #2
レストラン #2

Boisson	飲料
Chaise	椅子
Cuillère	スプーン
Déjeuner	ランチ
Délicieux	美味しい
Dîner	夕食
Eau	水
Épices	スパイス
Fourchette	フォーク
Fruit	フルーツ
Gâteau	ケーキ
Glace	氷
Légumes	野菜
Nouilles	麺
Oeuf	卵
Poisson	魚
Salade	サラダ
Sel	塩
Serveur	ウェイター
Soupe	スープ

Santé et Bien-Être #1
ヘルス＆ウェルネス #1

Actif	アクティブ
Bactéries	細菌
Blessure	怪我
Clinique	診療所
Faim	飢餓
Fracture	骨折
Habitude	習慣
Hauteur	高さ
Hormone	ホルモン
Médecin	医者
Médicament	薬
Muscles	筋肉
Os	骨
Peau	肌
Pharmacie	薬局
Posture	姿勢
Relaxation	リラクゼーション
Réflexe	反射
Thérapie	治療
Virus	ウイルス

Santé et Bien-Être #2
ヘルス＆ウェルネス #2

Allergie	アレルギー
Anatomie	解剖学
Appétit	食欲
Calorie	カロリー
Corps	体
Déshydratation	脱水
Énergie	エネルギー
Génétique	遺伝学
Hôpital	病院
Hygiène	衛生
Infection	感染
Maladie	病気
Massage	マッサージ
Nutrition	栄養
Poids	重さ
Récupération	回復
Sain	元気
Sang	血
Stress	ストレス
Vitamine	ビタミン

Science
理科

Atome	原子
Chimique	化学薬品
Climat	気候
Données	データ
Expérience	実験
Évolution	進化
Fait	事実
Fossile	化石
Gravité	重力
Hypothèse	仮説
Laboratoire	研究室
Méthode	方法
Minéraux	ミネラル
Molécules	分子
Nature	自然
Observation	観察
Organisme	生物
Particules	粒子
Physique	物理学
Scientifique	科学者

Science-Fiction
サイエンス・フィクション

Atomique	アトミック
Cinéma	シネマ
Dystopie	ディストピア
Explosion	爆発
Fantastique	素晴らしい
Feu	火
Futuriste	未来的
Galaxie	銀河
Illusion	イリュージョン
Imaginaire	虚数
Livres	書籍
Monde	世界
Mystérieux	神秘的な
Oracle	オラクル
Planète	惑星
Réaliste	現実的
Robots	ロボット
Scénario	シナリオ
Technologie	技術
Utopie	ユートピア

Temps
時間

Année	年
Annuel	通年
Après	後
Avant	前
Bientôt	すぐ
Calendrier	カレンダー
Décennie	十年
Futur	未来
Heure	時間
Hier	昨日
Horloge	時計
Jour	日
Maintenant	今
Matin	朝
Midi	昼
Minute	分
Mois	月
Nuit	夜
Semaine	週
Siècle	世紀

Types de Cheveux
ヘアタイプ

Argent	銀
Blanc	白い
Blond	ブロンド
Boucles	カール
Brillant	シャイニー
Chauve	禿
Coloré	有色
Court	短い
Doux	ソフト
Épais	厚い
Frisé	カーリー
Gris	グレー
Marron	茶色
Mince	薄い
Noir	ブラック
Sain	元気
Sec	ドライ
Tresses	三つ編み
Tressé	編組

Univers
宇宙

Astéroïde	小惑星
Astronome	天文学者
Astronomie	天文学
Atmosphère	雰囲気
Ciel	空
Cosmique	コズミック
Équateur	赤道
Galaxie	銀河
Hémisphère	半球
Horizon	地平線
Latitude	緯度
Longitude	経度
Lune	月
Obscurité	闇
Orbite	軌道
Solaire	太陽
Solstice	至点
Télescope	望遠鏡
Visible	目に見える
Zodiaque	ゾディアック

Vacances #2
バケーション #2

Aéroport	空港
Camping	キャンプ
Carte	地図
Destination	行き先
Étranger	外国人
Hôtel	ホテル
Île	島
Loisir	レジャー
Mer	海
Passeport	パスポート
Plage	ビーチ
Restaurant	レストラン
Réservations	予約
Taxi	タクシー
Tente	テント
Train	列車
Transport	交通
Vacances	休日
Visa	ビザ
Voyage	旅

Véhicules
車両

Ambulance	救急車
Avion	飛行機
Bateau	ボート
Bus	バス
Camion	トラック
Caravane	キャラバン
Ferry	フェリー
Fusée	ロケット
Hélicoptère	ヘリコプター
Métro	地下鉄
Moteur	モーター
Navette	シャトル
Pneus	タイヤ
Radeau	いかだ
Scooter	スクーター
Sous-Marin	潜水艦
Taxi	タクシー
Tracteur	トラクター
Vélo	自転車
Voiture	車

Vêtements
洋服

Bracelet	ブレスレット
Ceinture	ベルト
Chapeau	帽子
Chaussure	靴
Chemise	シャツ
Chemisier	ブラウス
Collier	ネックレス
Foulard	スカーフ
Gants	手袋
Jeans	ジーンズ
Jupe	スカート
Manteau	コート
Mode	ファッション
Pantalon	パンツ
Pull	セーター
Pyjama	パジャマ
Robe	ドレス
Sandales	サンダル
Tablier	エプロン
Veste	ジャケット

Ville
町

Aéroport	空港
Banque	銀行
Bibliothèque	図書館
Boulangerie	ベーカリー
Cinéma	シネマ
Clinique	診療所
École	学校
Fleuriste	花屋
Galerie	ギャラリー
Hôtel	ホテル
Librairie	書店
Marché	市場
Musée	博物館
Pharmacie	薬局
Restaurant	レストラン
Stade	スタジアム
Supermarché	スーパーマーケット
Théâtre	劇場
Université	大学
Zoo	動物園

Félicitations

Vous avez réussi !

Nous espérons que vous avez apprécié ce livre autant que nous avons pris plaisir à le concevoir. Nous faisons de notre mieux pour créer des livres de la meilleure qualité possible.
Cette édition est conçue pour permettre un apprentissage intelligent et de qualité en se divertissant !

Vous avez aimé ce livre ?

Une Simple Demande

Nos livres existent grâce aux avis que vous publiez. Pourriez-vous nous aider en laissant un avis maintenant ?

Voici un lien rapide qui vous mènera à votre
page d'évaluation de vos commandes :

BestBooksActivity.com/Avis50

CHALLENGE FINAL !

Défi n°1

Êtes-vous prêt pour votre jeu bonus ? Nous les utilisons tout le temps mais ils ne sont pas si faciles à trouver. Voici les **Synonymes** !

Notez 5 mots que vous avez trouvés dans les puzzles notés ci-dessous (n°21, n°36, n°76) et essayez de trouver 2 synonymes pour chaque mot.

Notez 5 Mots du **Puzzle 21**

Mots	Synonyme 1	Synonyme 2

Notez 5 Mots du **Puzzle 36**

Mots	Synonyme 1	Synonyme 2

Notez 5 Mots du **Puzzle 76**

Mots	Synonyme 1	Synonyme 2

Défi n°2

Maintenant que vous vous êtes échauffé, notez 5 mots que vous avez découverts dans les Puzzles n° 9, n° 17, n° 25 et essayez de trouver 2 antonymes pour chaque mot. Combien pouvez-vous en trouver en 20 minutes ?

Notez 5 Mots du **Puzzle 9**

Mots	Antonyme 1	Antonyme 2

Notez 5 Mots du **Puzzle 17**

Mots	Antonyme 1	Antonyme 2

Notez 5 Mots du **Puzzle 25**

Mots	Antonyme 1	Antonyme 2

Défi n°3

Formidable ! Ce défi final n'est rien pour vous.

Prêt pour le dernier défi ? Choisissez 10 mots que vous avez découverts parmi les différents puzzles et notez-les ci-dessous.

1.	6.
2.	7.
3.	8.
4.	9.
5.	10.

Maintenant, composez un texte en pensant à une personne, un animal ou un lieu que vous aimez !

Astuce: Vous pouvez utiliser la dernière page de ce livre comme brouillon !

Votre Composition :

CARNET DE NOTES :

À TRÈS BIENTÔT !

Toute l'équipe

DECOUVREZ DES JEUX GRATUITS

GO

↓

BESTACTIVITYBOOKS.COM/FREEGAMES